当代中国数学教育丛书
丛书主编　曹一鸣

上通数学，下达课堂

当代中国数学教育名家访谈

曹一鸣　刘祖希◎主编

华东师范大学出版社
·上海·

图书在版编目(CIP)数据

上通数学,下达课堂:当代中国数学教育名家访谈/曹一鸣,刘祖希主编. —上海:华东师范大学出版社,2021
 ISBN 978-7-5760-1519-5

Ⅰ.①上… Ⅱ.①曹…②刘… Ⅲ.①数学教学－教育家－访问记－中国－现代 Ⅳ.①K825.46

中国版本图书馆 CIP 数据核字(2021)第 065127 号

上通数学,下达课堂——当代中国数学教育名家访谈

主　　编	曹一鸣　刘祖希
审读编辑	丁　倩
特约审读	胡晋宾
责任校对	林文君
装帧设计	卢晓红

出版发行	华东师范大学出版社
社　　址	上海市中山北路 3663 号　邮编 200062
网　　址	www.ecnupress.com.cn
电　　话	021-60821666　行政传真 021-62572105
客服电话	021-62865537　门市(邮购)电话 021-62869887
地　　址	上海市中山北路 3663 号华东师范大学校内先锋路口
网　　店	http://hdsdcbs.tmall.com
印 刷 者	上海雅昌艺术印刷有限公司
开　　本	787 毫米×1092 毫米　1/16
印　　张	13
字　　数	206 千字
版　　次	2021 年 5 月第 1 版
印　　次	2024 年 3 月第 2 次
书　　号	ISBN 978-7-5760-1519-5
定　　价	58.00 元

出 版 人　王　焰

(如发现本版图书有印订质量问题,请寄回本社客服中心调换或电话 021-62865537 联系)

目录

前　言　　1

1　徐利治先生访谈录
　　谈数学教育研究和数学文化等问题　　仓万林执笔　1

2　张奠宙先生访谈录
　　对中国数学教育的历史和发展之若干问题的理性思考　　代钦、李春兰执笔　10

3　张景中院士访谈录
　　数学美妙好玩，让数学变得更容易　　曹一鸣等执笔　21

4　吕传汉教授访谈录
　　跨文化数学教育研究的缘起、发展与展望　　陈飞执笔　27

5　单墫教授访谈录
　　学会学习，做感兴趣的事　　曹一鸣等执笔　39

6　罗增儒教授访谈录
　　数学教育的悠悠情结　　袁芹芹、尚向阳执笔　46

7　郑毓信教授访谈录
　　中国数学教育需要哲学　　陈飞执笔　62

8　顾泠沅教授访谈录
　　期盼明白致远的中小学数学教育　　王华执笔　75

9　涂荣豹教授访谈录
　　教学生学会思考是数学教学的根本　　段志贵执笔　85

10　宋乃庆教授访谈录
　　"四基""四能"给数学课程建设带来的影响　　唐彩斌等执笔　93

11 王建磐教授访谈录
承办 ICME-14 是中国数学教育崛起的良好契机　　李海、张晋宇执笔 | **98**

12 史宁中教授访谈录
谈数学基本思想、数学核心素养等问题　　刘祖希执笔 | **110**

13 曹一鸣教授访谈录
谈数学课堂教学研究与青年数学教育工作者培养等问题　　刘祖希执笔 | **120**

14 喻平教授访谈录
数学教育实证研究及教师专业发展　　张志勇执笔 | **128**

15 张维忠教授访谈录
数学文化与数学课程教学改革　　史嘉执笔 | **136**

16 汪晓勤教授访谈录
中国特色的HPM理论——将数学史融入数学教学　　陈飞执笔 | **146**

17 徐斌艳教授访谈录
新时代数学教育展望　　安英执笔 | **159**

18 代钦教授访谈录
从草原来到数学教育与数学文化殿堂　　李春兰等执笔 | **173**

19 黄力平编审访谈录
数学教育理论著作出版的回顾与思考　　刘祖希执笔 | **188**

Contents

Preface | 1

1 Interview with Mr. Xu Li-zhi
  On Research in Mathematics Education, Mathematics Culture and Other Issues By Cang Wan-lin | 1

2 Interview with Mr. Zhang Dian-zhou
  Rational Reflections on Some Issues in the History and Development of Mathematics Education in China By Dai Qin, Li Chun-lan | 10

3 Interview with Prof. Zhang Jing-zhong
  Mathematics is wonderful and fun, Let's make it easier
  By Cao Yi-ming et al. | 21

4 Interview with Prof. Lyu Chuan-han
  Origins, Development and Prospects of Cross-cultural Mathematics Education Research By Chen Fei | 27

5 Interview with Prof. Shan Zun
  Learn how to Learn and Do what Interests you By Cao Yi-ming et al. | 39

6 Interview with Prof. Luo Zeng-ru
  My Long Love for Mathematics Education
  By Yuan Qin-qin, Shang Xiang-yang | 46

7 Interview with Prof. Zheng Yu-xin
  The Need for Philosophy in Chinese Mathematics Education
  By Chen Fei | 62

8   Interview with Prof. Gu Ling-yuan

     Aspirations for Clear and Ambitious Mathematics Education in Primary
     and Secondary School   By Wang Hua | 75

9   Interview with Prof. Tu Rong-bao

     Teaching Students to Think as a Fundament of Mathematics Teaching

                                                               By Duan Zhi-gui | 85

10   Interview with Prof. Song Nai-qing

      The Impact of "Four Basics" and "Four Capabilities" on the Development
      of Mathematics Curriculum   By Tang Cai-bin et al. | 93

11   Interview with Prof. Wang Jian-pan

      Hosting ICME – 14 is a Good Opportunity for the Rise of Chinese
      Mathematics Education   By Li Hai, Zhang Jin-yu | 98

12   Interview with Prof. Shi Ning-zhong

      On Basic Mathematical Ideas, Mathematics Core Competencies and
      Other Issues   By Liu Zu-xi | 110

13   Interview with Prof. Cao Yi-ming

      On Research in Mathematics Classroom Teaching, the Development of
      Young Mathematics Educators and Other Issues   By Liu Zu-xi | 120

14   Interview with Prof. Yu Ping

      On Empirical Research in Mathematics Education and Teachers'
      Professional Development   By Zhang Zhi-yong | 128

15   Interview with Prof. Zhang Wei-zhong

      On Mathematics Culture and Mathematics Curriculum Reform

                                                                 By Shi Jia | 136

16   Interview with Prof. Wang Xiao-qin

      HPM Theory with Chinese Characteristics-Integrating Mathematics
      History into Mathematics Teaching   By Chen Fei | 146

17　Interview with Prof. Xu Bin-yan

　　Prospects for Mathematics Education in the New Era　　By An Ying ｜ **159**

18　Interview with Prof. Dai Qin

　　From the Grasslands to the Temple of Mathematics Education and Culture

　　　　　　　　　　　　　　　　　　　By Li Chun-lan et al. ｜ **173**

19　Interview with Mr. Huang Li-ping

　　Review and Reflection on the Publication of Works on Theory of

　　Mathematics Education　　　　　　　　　　By Liu Zu-xi ｜ **188**

前言

数学教育特别是中小学数学教育,一直受到社会各界的关注。这不仅仅是因为数学本身重要,更多的原因往往是一名学生的数学学习状况牵动了全家人的心——数学成绩在很大程度上成为孩子未来发展的"风向标"。因此,对中小学数学教育献计献策的"热心人士"层出不穷。事实上,要实现"让每一位中小学生都能受到良好的数学教育",并不是三言两语的建言就能解决问题的,而是需要有一批长期关注数学与数学教育并进行深入思考和研究的学者引领,需要广大一线中小学数学教师与教研员的实践探索和研究。

华东师范大学出版社邀我主编"当代中国数学教育名家文选"(丛书)及这本《上通数学,下达课堂——当代中国数学教育名家访谈》,可以将对我国数学教育有系统深入研究的资深专家的成果收集在一起,供大家学习、研究,这是一件非常有意义的工作。"当代中国数学教育名家文选"的情况已在该丛书序言中做了介绍,这里单独谈谈《上通数学,下达课堂——当代中国数学教育名家访谈》。

记得几年前南京师范大学出版社策划了一套"与科学家同行"丛书,约请我负责编写《与数学家同行》分册,这本书更像是一本故事书。引人入胜的故事有时会给人留下深刻的印象,例如,我少年时代看徐迟的报告文学《哥德巴赫猜想》,陈景润的故事对我影响很大。《与数学家同行》主要是对数学家从事数学研究的"传奇"故事和经历的采访,我们除了对他们的求学、科研经历进行了访谈,还结合当下的社会热点问题向他们询问了看法,并与教育界的同行以及青少年朋友们分享,访谈取得了很好的效果。

受此启发,华东师范大学出版社刘祖希副编审策划编写《上通数学,下达课堂——当代中国数学教育名家访谈》并和我交流,这可以说是与我"不谋而合"。当代中国数学教育领域有一批资深专家,他们热爱数学教育事业,学识渊博,阅历丰富,成就斐然,有的还是长期关注基础教育的数学家。在数学界,关心数学教育是一种传统,数学教育界旗帜型的专家中,著名的数学家占了很大的比例。高等师范院校既是数学教育研究的主阵地,也是数学教育家成长的沃土,从我国的高等师范院校中走出了一大批成果卓著、享誉全国的数学教育家,他们既有深厚的理论功底,又有丰富的实践经验,还有宽阔的国际视野。另外还有一批从数学教学实践中走出来的专家，他们甘心扎根中小学，并做出了一流的成绩。本书将这些数学教育教学专家的经验和经历通过访谈的方式，收集整理出来，供人们学习。访谈和论文、著作在内容、形式和风格上是不完全相同的，访谈可以呈现名家学习、研究、实践中具体生动的故事，让读者了解他们在一篇篇公开发表的论文、一部部出版的专著后面所付出的辛劳与思考的过程。访谈在一定程度上反映了名家鲜活的研究活动。如果能把这一工作做好，一定是非常有价值的。

将一个好的想法立即付诸实施，一直是我的做事准则。有时需要畅想，有时需要行动。要让理想转变成现实，则需要同行的支持与合作。当我们把想法与相关同仁交流时，他们一致支持，并积极参与、组织访谈。至此，包括多位数学家在内的近20位当代中国数学教育名家的访谈稿收集、整理工作顺利完成了。总体来看，本书通过访谈当代中国数学教育名家，参考已有的相关文献，采撷当代中国数学教育的主要成果、重要经验。访谈的维度和形式是开放、灵活的。有针对数学教育研究与实践中的热点、重点问题请名家谈谈看法，厘清数学教育研究核心问题的；也有关于数学教育研究方法、如何开展数学教育研究与实践的；还有关于个人的教育主张、未来数学教育研究、数学课程改革、青年数学教师与研究生专业发展方面的问题的。访谈讨论所涉及的问题，力图展现当代中国数学教育理论研究与教学实践的画卷，激励青年一代数学教育工作者进一步开展研究与探索。

本书不是给名家立传，而是突出他们的成果、贡献、精神。这些名家是当代中国数学教育研究各领域的代表学者，但由于各种条件的限制，并不是全部，今后如有机会还会继续访谈其他名家。

全书由曹一鸣、刘祖希主编，由刘祖希策划、统稿。本书参考和引用了诸多文献，这里一并向文献作者和出版单位表示感谢。

囿于访谈者及本书编者的学识、能力，本书必定存在许多遗憾，敬请读者谅解。热切期盼读者与行家批评指正，提出您的宝贵意见。

北京师范大学教授、博士生导师
国家义务教育数学课程标准修订组组长

2021年春节于北京

1 徐利治先生访谈录：谈数学教育研究和数学文化等问题[①]

徐利治先生(1920—2019)是当代著名的数学家和数学教育家，在《当代中国数学教育流派》一书中，和张奠宙、张景中并称为"一徐二张"[1]，其独特的求学和研究经历，卓越的研究成果，享誉海内外。

徐利治先生开创了数学方法论的系统研究，数学方法论是国际上少数由中国人命名的学科分支之一[2]。在徐利治先生影响下，我国有很多中小学开展了"数学方法论的数学教育方式"（简称"MM教育方式"）实验，多年以来取得了丰硕的成果[3]。

2016年10月至2017年6月，仓万林老师对徐利治先生进行了访谈，真切感受到徐先生对青年数学教师的关心和支持。访谈工作主要围绕徐先生的求学经历、数学教育研究、数学文化传播、退休后的数学游戏教育研究等几个方面展开。以下访谈过程中，访谈者简称"仓"，徐利治先生简称"徐"。

1 关于求学经历

仓：徐先生，您好！新青年数学教师工作室正准备编写《当代中国数学教育名家访谈》一书，感谢您接受我们的专访。

徐：我曾经粗略地看过新青年数学教师工作室编写的《当代中国数学教育名言解读》一书[4]，你们这个由青年教师组建的学术团队做了很多有意义的工作。另外，你的《数学文化行动研究的实践和思考》一书反映了学校校本教研的收获[5]，研究工作做得也很踏实。

仓：听说您是在考大学时将名字改为徐利治的，有什么原因吗？

---

① 仓万林.访徐利治先生：谈数学教育研究和数学文化等问题[J].中学数学教学参考, 2018 (19): 2-5.

徐：我在 1940 年中学毕业后，考取西南联合大学数学系。报考大学时，我将原名徐泉涌改为徐利治，寓意"稳步前进有利于治学"。

仓：用现在的话说，真是满满的"正能量"呀。我在您的家乡张家港市附近的江阴市要塞中学工作，听说您的家乡有句俗话，叫"书包翻身"。

徐：当时是有这么个说法。从那个时代走过来的人，对"书包翻身"还是很有感触的。如果一个人读书读得有出息，就能够改变一个破落家庭的命运。现在我们常说的"知识改变命运"，也就是"书包翻身"的现代版本吧。

仓：作为中学教师，我对您在中学时代的故事特别感兴趣，您是洛社师范学校毕业的杰出校友，能否谈谈当时的教育情况。

徐：当时的学习，并不是现在许多人想象的那样课程很单一。洛社师范学校开设了许多课程，有语文、数学、物理、教育心理学等。也就在那时我养成了自学的习惯，提高了自学的能力，这对我后来的研究也有帮助。但当时的课程没有英语课，从现代眼光来看，这无疑是一个缺点。

仓：当时的学习负担重吗？是否还有印象，在课余读过哪些书呢？

徐：那时候的中学生负担不像现在这样重。我看了许多课外书，像《算学的故事》《数学趣味》《世界名人传》《从牛顿到爱因斯坦》等，给我留下很深印象的书有刘薰宇的《数学趣味》。我平生的经验是，"闲书"看得多，数学论文也写得多。

仓：看"闲书"好像是许多名家共同的成长经历。您是从什么时候开始对数学产生浓厚兴趣的？

徐：在洛社师范学校学习期间，我的代数、几何学得很好，有时候同学请教老师的问题，也由我代为解答，我把做法和结果写在黑板上，让大家来参考。有一次回家途中买了一本《查理斯密大代数学》，这本书很厚，内容非常丰富，有些内容当时并没有完全看懂。但这让我对数学逐渐产生了兴趣，后来上大学选择了数学专业，和当时这本书有很大的关系。

仓：这真是一本神奇的书，在印度数学家拉马努金的传记中同样提到了这本书。

2 关于数学教育研究

仓：您曾师从华罗庚、陈省身等大师，他们对您后来的教学与研究有哪些深刻的影响?

徐：对待数学教学，我一贯以追求"简易"为目标。《易经》对"简易"一词作了很好的解释："易则易知，简则易从。"这一点，多半是受了我大学时代老师华罗庚先生的影响。记得在我大学毕业后担任华先生助教时，他曾告诉我："高水平的教师就能把复杂的东西讲简单，把难的东西讲容易。反之，如果把简单的东西讲复杂了，把容易的东西讲难了，那就是低水平的表现。"1948年我在清华大学做助教时，有一次听陈省身先生的讲演，他向我们几位青年教师介绍了欧洲数学大师的一句名言："数学以简易性为目标。"

仓：您在数学研究中，对"简易"目标的追求是如何体现的呢?

徐：据我看来，数学上许多有价值的理论和方法以及重要的定理与公式，基本上具有简易性的特点，而简易性或简单性也是数学美的特征。在我长期的数学工作实践中，我总是不忘对简易性成果的追求，对感兴趣的问题，我总是希望努力把它简化到不能再简单的程度，然后对简化了的问题再努力寻找其简易解答。这些努力未必总成功。如果失败了，则凭着对问题的浓厚兴趣，我还将另觅出路。

仓：您在教育青年学生时，是否也将"简易"作为教学的原则之一呢?

徐：在我指导青年学生做科学研究时，我也强调要学会化难为易、化繁为简的本事。当他们取得了简易性的数学结果时，如果真是优美而有用，我常会以"漂亮成果"作为称赞。

仓：西南联合大学是我国历史上一个特殊时期的产物，在当时所创造的辉煌业绩是现在许多高校难以企及的。您认为西南联合大学数学系教育工作中值得借鉴的地方有哪些?

徐：的确，西南联合大学数学系教育工作中有许多方面是值得我们思考和借鉴的。西南联合大学数学系尊重学生的志趣发展与自我发现的价值，比如转系自由，数学系不但欢迎有志学生从外系转进来，而且当优秀学生发现志趣变更后也可以转出去。有个我印象很深刻的转系成功的例子，王浩在数学系是优秀学生，学了两年数学后，感觉对数理逻辑更感兴趣，立志要成逻辑学家，便转投逻辑学家金岳霖先生门下了。事实上，人的兴趣和潜在才能是需要自我发现的，有了"自我发现"，又有了受尊重和发展的环境与条件，那便容易成才了。

仓：您对当时西南联合大学的学风还有印象吗?

徐：西南联合大学有非常好的自由讲学的风气，常鼓励学生自由听讲，参加讨论班、讲演会。这对学生的志趣成长和发展很有利。西南联合大学数学系一贯提倡并鼓励学生看名家著作，直接阅读原著。比如，华罗庚先生搞讨论班时，要我们钻研外尔的《典型群》等名著。

仓：您在学习和研究过程中非常注重直观和想象，是否可以详细谈谈？

徐：我非常喜欢直观和想象。经常把数学中的一些内容看成是天然真实的"自然现象"，努力设法把学到的数学变成自己头脑中十分明显的直观形象。记得我自学《查理斯密大代数学》时，最喜欢的篇章是"无穷级数""初等数论""排列组合"等，这些内容，大大提升了我的直观形象思维的水准和能力，以至后来我进了西南联合大学修习分析数学、数论、概率论等课程时，不但感到轻松愉快，还觉得数学中的许多定理和证明思路是十分自然的。这样，数学知识对我来说就不用死记硬背了。

仓：您在做数学研究时，对直观和想象的重视，是否也受到了您的导师的影响？

徐：我在大学求学过程中，接触得较多的三位老师分别是华罗庚、许宝騄、钟开莱先生，他们也认同数学直观的重要性，认为缺乏直观想象就不能做研究。我听说华罗庚先生在一次科普讲演中强调数学是研究"数学现象"的科学。多年后，我得知国外有相同观点的数学家很多。

仓：能否谈一下这方面具体的案例？

徐：当年曾有这样一个例子，使我很快认识到形象思维对理解数学真理的作用。在大学学习"隐函数存在定理"时，好多同学都认为那是一条难懂的定理。定理大意是："如果连续可微函数 $Z=F(x,y)$ 在一点 (x_0,y_0) 处为 0，即 $F(x_0,y_0)=0$，而且偏导数 $F'_y(x_0,y_0)\neq 0$，那么在该点邻域内必存在连续函数 $y=f(x)$，使 $Z=F(x,f(x))$。"事实上，只需注意连续可微函数给出了一个光滑曲面，在一点处为 0 且偏导数异于 0 正好表明曲面在该点沿 y 轴的切线穿过坐标平面，又由连续性可知曲面在该点邻域穿越平面，因而产生小段连续曲线（函数）$y=f(x)$。由此看来，小段曲线的存在是必然现象。

仓：在您的数学方法论中，也非常重视对应的原则，是这样吗？

徐：我认为"对应"是数学科学中最重要的思想方法。在大学学了三年数学后，就开始认识到从初等数学到高等数学，对应概念和对应关系几乎处处充当着数学的主角。事实上，一说起"对应"，许多例子就会来到眼前，例如：数、量对应，坐标与位置点的对应(解析几何)，函数关系，映射变换关系，等等。

仓：是否可以给我们举一个体现对应思想的例子？

徐：初等数学、高等数学中有许多定理和问题，都是根据"对应思想"或利用"对应方法"来加以证明和解决的。举一个简单例子，古代欧几里得曾证明自然数序列中的质数(又名素数)由小到大排列：$2 = p_1 < p_2 < \cdots < p_n < \cdots$，有无穷多个。他就是引用对应关系 $\{p_1, p_2, \cdots, p_n\} \leftrightarrow m = p_1 \cdot p_2 \cdot \cdots \cdot p_n + 1$，并根据"归谬推理"(反证法)轻易地证得了"有无穷多个质数"的定理。如果假设质数只有 n 个，则其对应的整数 m 或者本身是质数，或者必含有大于 p_n 的质因子。总之任何情况下必存在大于 p_n 的质数。这就与假设矛盾。

仓：刚才的这些观点后来也体现在您的数学方法论中了吧？

徐：我们知道，现代数学已习惯使用集合论语言，各种对应关系常常被表述为"映射"或"变换"。"映射"含义可以更广，甚至把各类具体事物关系提升为抽象概念(赋予抽象名称)，可视之为"概念映射"。正因为我一贯热衷于根据"对应"观点思考问题，又发现众多数学分支中常借助"映射"概念处理问题，所以我在1983年出版的《数学方法论选讲》[6]中，特别专设一章论述"关系映射反演原则"(RMI 原则)并举例说明其广泛应用。这并非是我的独创或发明，而只是将古今中外学者普遍使用的数学方法，总结概括成为一种方法模式而已。RMI 原则十分强调构造合用的映射和定映方法，处理困难问题时，构造与定映少不了要做创造性研究，所以它与化归法中所强调的化简和归结又有所不同。RMI 原则又可看成是"矛盾转移法"，从解决问题的策略上看又有一致之处。

3 关于数学文化

仓：随着新课程的实施，数学文化的观念已经深入人心，谈到数学文化，最容易想到的应该是数学之美了，而关于数学之美的相关概念，许多就源自您的论述。

徐：关于数学直觉与数学美的关系，学术界有许多不同的观点。人们一般都承认数学美是存在的，并且在数学认识活动中有重要的作用。但对于什么是"数学美"，则说法不一。有些数学家认为，我们前面提到的获得数学直觉的几个指导性原则,如简单性、统一性、对称性、奇异性,等等,本身就是数学美的内容。

仓:您是如何认识数学美的?

徐:我认为,数学美可以说是带有一定主观感情色彩的精致的直觉。判别数学美的标准,除受数学家具有一般性的实践活动影响外,还与数学家个人的思想、文化、修养及艺术鉴赏能力有关,涉及较复杂的文化背景。并不是每个理解和使用数学直觉的人,都自觉地从美学角度考虑问题。一般说来,强调数学美的人,往往是那些同时有多方面爱好、兴趣和才能的,特别是在哲学和艺术上有较高造诣的大数学家。

仓:您认为数学的美主要体现在哪些方面?

徐:数学美中包含着简单、统一、对称、奇异等内容,又不能把数学美单纯地归结为简单、统一、对称和奇异。古希腊时期的数学内容,可以说足够简单、足够统一、足够对称了,无理数的发现也说得上足够奇异的了。但是不能说那时的数学已经有了足够的美。正如,在现实生活中,美与丑的概念是相对的,对数学美的判断也要考虑到思想、文化背景。

仓:除了上面的几点,数学的美是否还有其他方面的表现呢?

徐:以上我们说的是数学成果的美的比较。数学美还有另一个方面,那就是方法上的美。

由于数学美是一种精致的直觉,所以数学家对这种直觉总是评价很高。美的数学观念常常被赋予较多的信任。人们常说真、善、美是统一的。这句话用于数学认识过程,指的就是数学观念的正确性、重要性和形式上的美感的统一。庞加莱说:数学家们非常重视他们的方法和理论是否优美,这并非华而不实的作风,那么,到底是什么使我们感到一个解答、一个证明优美呢?那就是各个部分之间的和谐、对称,恰到好处的平衡。一句话,那就是井然有序,统一协调,从而使我们对整体以及细节能有清楚的认识和理解,这正是产生伟大成果的地方。通常,简单性的要求和美的要求是相同的。但是,在它所发生冲突的地方,后者更为重要。

仓:您能否举一个大家熟悉的数学美的例子呢?

徐:这个例子大家很熟悉了,张奠宙教授在一篇关于文化内涵的文章中曾提到陈子昂的名作《登幽州台歌》:前不见古人,后不见来者,念天地之悠悠,独怆然而涕下。他指出,此诗的作者虽然由所感而发,但诗中已将对"宇宙时空的无限性"感知用形象化的生动语言表达了出来。可以想象,如果陈子昂学了高等数学,他一定会欣然同意采用 $R=(-\infty,+\infty)$ 表示时空坐标点的无限区间,而三维欧氏空间可以简略地表示为 $R^3=R\times R\times R$。

仓:您如何认识数学文化的教育功能呢?

徐:我们知道,数学教育有两重功能:一是技术教育功能,二是文化教育功能。后者是指数学教育对培育人的文化素质方面的作用。从历史上看,最先认识到数学文化教育功能的是2000多年前的古希腊哲学家柏拉图。他曾在所办学园的门口张贴布告:"未习几何者不许入门。"这句话广为流传,有点像今日海内外大学招生时都要求报考者必须学过中学数学课程一样,只不过现在的入学考试只偏重于测试技术性数学知识内容。至于如何测试人的数学文化教养,显然还是个未解决的问题。

仓:您是否可以具体谈一谈,或者举一个体现数学文化的教育功能的例子?

徐:数学的文化教育功能,有广义与狭义两个方面。16世纪英国的一些数学教师和中学校长,已经发现有些性格粗暴、喜欢打架争斗的青少年,学过一些数学课程后,性格变得温顺了,粗心大意的坏脾气也改好了。当年的一些英国教育家曾认为:"数学教育不仅有制怒作用,并且有把粗心大意习性改造成细心慎重的作用。"甚至,有的学者还把数学的文化教育功能说成是"数学能修饰人们的心灵(或灵魂)"。

仓:2017年5月,《新高考》杂志、全国新青年数学教师工作室、江阴市要塞中学联合全国20多所学校成立了"数学写作"学校联盟,"数学写作"学校联盟也是一个数学文化传播的平台。您对高中学生数学写作有何建议和指导?

徐:我听沙国祥主编介绍过这些活动,"数学写作"学校联盟这个平台很好,借助这个平台可以更好地进行数学文化的辐射和传播。写作与阅读、思考分不开,应提倡高中生进行广泛阅读,特别是名家的作品,如18—19世纪欧拉、高斯、柯西、阿贝尔等的作品,在大量阅读基础上进行思考,鼓励学生进行赏析和评论。历史上许多名家在高中阶段就开始研究了,现在高二、高三的部分学生也具备了这个能力,因为目前高中的学科知识已经超出了当时他们的水平。国内外数学名家的作品和科普作品都可以推荐给他们欣赏,然后写作赏析或评析的文章,当然也可以提出问题,要勇于质疑,培养独立思考和创新素质,同时初步形成遵循学术规范的意识。

仓:在数学写作活动中,教师可以发挥哪些作用呢?

徐:在数学写作活动中,除了常规的活动指导外,是否可以提倡高中教师或者学者开展一些翻译工作,把古典名作尽量翻译过来,供学生阅读,也可以作为写作的参考。如果整本翻译困难,也可以以部分摘译的形式发表。

4 关于数学游戏教育研究

仓:您在退休之后依然十分关注数学教育,听说您近几年一直关心将数学游戏内容融入数学教育的研究。

徐:游戏是儿童的天性。2015年7月,我在江苏凤凰教育出版社与部分数学教师座谈时,提出了关于小学数学教材改革的观点。2016年初我再度明确阐述了将数学游戏作为核心教材内容的观点。

仓:您认为游戏的教育价值体现在哪些方面?

徐:我认为,数学游戏有着独特的、巨大的数学教育价值。游戏有利于激发学习兴趣,调动、发展好奇心,小学数学教学的"游戏化",能大大减少后进生学习数学的"恐惧症"。游戏有利于逐步培养观察、鉴赏(审美)、猜想与判断能力。儿童与青少年通过观察和操作数学游戏,很自然地认知理解图形间、数量间的及两者相互对应之间的种种客观规律及奇妙性质,还能提升数学运算能力。

仓:如何从数学方法论角度来认识数学游戏的价值呢?

徐:游戏与玩乐有助于学生学会"对应观念"与"对应方法",从而增长其分析与解决问题的能力,对其一生都有用处。举一个例子:数学中重要的思想方法——对应,可以通过设计相应的数学游戏来领悟和掌握。通过数学游戏,能帮助学生感知和理解数与量、数量与几何量、几何量的计算与数的运算等的对应关系。

仓:关于数学游戏课程的开发,您有哪些建议呢?

徐:在具有一定实践和理论研究基础以后,我们可以研发数学游戏课程。我建议为小学一、二、三、四年级学生编制《数学与游戏》教材,为五、六年级学生编制《数学与玩乐》教材。具体可按难易程度分层次编制教材。讲故事、讲问题、讲方法(讲评题材)。

当然,隐含种种结构关系的玩具(数学玩具),也属于数学游戏教材(教具)。孩子们触摸把玩数学玩具,有助于直接感知(观察与认识)某些客观数学现象规律,从而增长数学直观与想象能力。

5　结束语

访谈之时徐利治先生已 97 岁高龄了,但依然思路敏捷,陈述观点非常有条理,这给访谈者留下了深刻的印象。徐先生研究了一辈子数学,对数学教育十分关注,还能继续有兴趣选读一些文史哲方面的作品,有时也玩赏一些自觉有趣的数学题材。他曾说:"数学使我快乐,数学使我健康,数学使我长寿。"

徐先生深情寄语青年数学教师:我相信,怀有"审美意识"从事与数学有关的任何工作,都是有利于健康长寿的。我祝愿数学教师与研究工作者们都和我一样,能在数学的工作事业中享有高寿!

注:本次访谈得到了江苏凤凰教育出版社沙国祥主编的大力支持,特此致谢!

参考文献:

[1] 新青年数学教师工作室.当代中国数学教育流派(新青年教师文库)[M].上海:上海教育出版社,2014.

[2] 郑毓信.数学方法论的内容、性质和意义[J].曲阜师范大学学报(自然科学版),1991(4):94-99.

[3] 刘祖希.当代中国数学家对数学教育内容创新的贡献[J].中学数学杂志,2016(1):3-6.

[4] 新青年数学教师工作室.当代中国数学教育名言解读(新青年教师文库)[M].上海:上海教育出版社,2015.

[5] 仓万林.数学文化行动研究的实践和思考[M].长春:东北师范大学出版社,2017.

[6] 徐利治.数学方法论选讲[M].武汉:华中工学院出版社,1983.

2 张奠宙先生访谈录：对中国数学教育的历史和发展之若干问题的理性思考[①]

1 前言

张奠宙先生(1933—2018)是当今中国数学教育界的著名学者。内蒙古师大代钦教授到张先生家拜访过三次。2006年11月29日上午，代钦教授带着5名研究生第一次访谈张先生，并作2万字的访谈录。

第二次拜访张先生是在2009年9月10日，代钦教授和日本的铃木正彦等两位教授专程到上海拜访他老人家。张奠宙先生年事已高，加之身体欠佳，不能自由行走。但是当时他老人家在"书香门第"门口等着客人的到来，从老远就招手微笑，让访谈者肃然起敬。在张先生家客厅中，宾主进行了一个多小时的交流，内容包括中日数学教育交流、数学课堂教学改革、中国和日本老一代数学教育家的情况等，谈话内容极其广泛。虽然两位日本教授第一次与张先生交流，但丝毫没有生疏之感，一见如故。谈话结束后，张先生给日本学者赠送了自己最近的著作，也给代钦教授赠送了他的系列著作，并带代钦教授到他书房，说："你喜欢哪些书，不要客气，你们年轻人需要这些。"由于当时有两位日本教授在场，代钦教授不便进行访谈，加之在上海的时间有些短暂，只好带着遗憾回到呼和浩特。不管怎么说，代钦教授还是带回来很多有形和无形的东西，因为和张先生的每次谈话都是一种美好的享受。

第三次拜访张先生是在2011年5月4日。2011年5月1日至4日在华东师范大学举行"第四届数学史与数学教育研讨会暨第八届全国数学史研究会年会"，代钦教授带领7名研究生参加会议，会议期间和张奠宙先生进行了两次交流。会议结束后代钦教授到张先生家进行了访谈，受益匪浅。聆听他老人家对

[①] 代钦,李春兰.对中国数学教育的历史和发展之若干问题的理性思考——对张奠宙先生的访谈录[J].数学教育学报,2012(1)：21-25.

中国数学教育的一系列问题提出自己新颖而尖锐的看法时,代钦教授心情格外激动,心灵受到强烈的震撼,思维豁然开朗,同时也感觉到中国数学教育研究和实践之责任重大。

会议组委会特别邀请张先生来参加宴会。张先生带来一袋子书,和别人说:"这些书是送给代钦教授的。"他送给代钦教授非常珍贵的书籍,例如日本的《关孝和全集》,张先生写道:"代钦教授,日本友人送我此书,但因不识日文,一直束之高阁,现在终于有人能使用它了,非常高兴。愿您为中日数学交流多做贡献。张奠宙,2011年春。"另外,张先生在日本数学教育家杉山吉茂的《基于公理方法的数学学习指导》书上写道:"代钦教授,杉山先生送我他的博士论文,我读(猜)了一点,但终不解其意,现在请您读和研究,我想杉山先生会高兴的。张奠宙,2011年春,于上海。"张先生是非常喜欢书的人,书给他带来很多乐趣,书能消除很多寂寞和孤独,书给他带来许许多多的智慧和灵感;张先生也给书的世界增添了丰富多彩的新内容,"张奠宙"这个醒目的名字从20世纪90年代开始在中国数学教育论著中以作者的署名或被引文作者的形式出现在硕、博士论文和其他论著中,产生了极大影响。他与书结下了不解之缘。他将多年收藏的珍贵书籍赠送给代钦教授,他老人家肯定是经过深思熟虑的。代钦教授接受书的时候激动万分,但是回到酒店冷静下来后,感到一种难以言表的压力,那就是这些珍贵书籍中蕴含着老一代人对年轻一代人的殷切期望,也蕴含着对未来的美好祝福。

2 访谈内容

2.1 关于中国数学教育及数学史发展

代钦:我们来上海非常不容易,见到张先生很高兴。我们年轻人想请您谈谈对中国数学教育及数学史发展的看法。

张先生:中国数学教育的特色是什么?这个问题我们需要检讨。整个中国的文化界在发生变化。例如,张艺谋的《红高粱》(电影),外国人喜欢看,我们就把它拿出来。关于中国特色,有一本书体现得特别好,你们是否看过张维为的《中国震撼》?中国作为一个"文明型国家",以其大国的韬略与智慧、以其超大型的体量和超丰富的传统,其崛起不可阻挡,其道路注定具有自己的特色,这些都将给世界的政治经济格局带来原创性的贡献。从这次会议报告目录来看，比上次的要好，代老师的报告是关于函数概念的历史。我就听了郭书春先生的关于竹简的报告，以前的报告都是关于汉代的，这个报告是关于秦代的。一个人一生做一件事情很不容易，郭书春先生和萧灿博士关于竹简的报告很好，遇到这样的资料当然有运气的成分。

中国教育有哪些是重要的？20世纪30年代拿古代的人做爱国主义教育。20世纪数学史发展得很好。21世纪的今天如何看待自己的数学史，中国人要有自信，可以向任何国家学习。

中国教育好像都是学外国的，现在似乎看不到有自己特色的东西。提到中国的教育，古代的教育家比较多，如孔子；近代的教育家有蔡元培、梁漱溟等，都是学校校长。中国人不能轻视自己，从古到今，特别是从辛亥革命以来，中国的数学教育一定有自己的好的东西，有自己良好的传统，可近来就不行了，自己的东西不重视了。改革开放后从国际上拿来东西，但自己的东西没有了。有些东西应当立起来，西方有自己的理论，中国也应该有强于西方、不同于西方的理论。

西方主要讲建构主义理论，中国的课堂讲究创设情境，这是西方没有的。有人批判中国的教育不以人为本，课堂满堂灌，自己骂自己。因为我们的课堂时间是有限的，把几千年的知识在短时间内学完是不可能的，实际上中国的课堂也有自己的优点。

第一点要讲的是导入。中国的课堂讲究导入。导入和创设情境是有区别的，不可能在每堂课都创设情境，创设情境不能天天搞，而导入是每堂课都能进行的。比如说耍猴的在开场前要开锣，敲锣和耍猴没关系，只是在创设情境。有一个例子，一个老师教正弦定理时拿尺子测量三角形的边长，然后得出正弦定理是成立的。这叫什么创设情境？正弦定理不是量出来的，不能搞情境。在三角形内部作一个高，左边角的正弦是这条高比斜边，右边角的正弦也是这条高比另一条斜边，这条高是中间变量，把等式联系起来。正弦定理的思想方法是同一条高的两种不同表示。就像我们两个人不认识，但都认识代老师，通过代老师我们俩就认识了，这样跟同学们讲，就很容易理解了。平面几何有大角对大边，小角对小边，平面几何是定性的，引入三角的好处就是把平面几何定量了。

教学导入是从苏联的凯洛夫开始的,到赫尔巴特的"五段论",教学导入的价值和实行的办法是我们要思考的问题。教学导入强于创设情境,导入作为艺术在中国已经成形了,导入的价值、实行方法应该立起来。每节课都要导入。

这是第一点,第二点要讲的是尝试与探究。尝试是每天都可以做的,错了也没关系,尝试能调动积极性、主动性。尝试是天天用的,可以有错的结果。探究属于尝试的一部分,是要有正确结果的。

第三点是合作学习。美国的课堂学习是分小组学习,分小组讨论后一个人说结果,但小组讨论效果不好。而中国是师班互动,不分小组学习。师班互动是中国教育的特色,是一大创造。举个例子:来中国访问的美国学者要求到最普通的农村小学听课,课堂是讲正方形的特征,讨论什么是正方形。上课后,教师问学生:"什么是正方形?"学生回答:"方方正正就是正方形。"教师又问:"什么是方方正正?"学生回答:"四边相等。"教师在黑板画出菱形,问学生:"这个图形是否是正方形?"学生说:"不是,因为它不正。"教师又在黑板上画一个矩形,学生回答:"不正确,因为这个图形不方。"……这样诸多回答。教师将学生回答的正确的结论都写在黑板上,回答不正确的不写,最后加以补充总结,抽象出正方形的定义,写在黑板上。这样一节课,通过师班互动就将正方形的性质全部呈现在黑板上,讨论后得出的结论学生很容易记住。这在中国人看来十分普通的一堂课,令美国学者十分感动。咱们东方不分组,学生较多,老师也照顾不过来。我曾经到美国的课堂听课,采用的是分小组讨论学习。这节课讲的是多边形,学生注意力不集中,有的学生不参与讨论,在练习本上画心形,课堂效果也不是特别好。所以说,我们中国的课堂还是有很多优点的。

第四点要讲的是数学思想方法。数学思想方法是中国人总结出来的,西方人不搞这个。华罗庚先生提出数形结合的思想方法,"数形结合百般好,隔离分家万事休"。徐利治先生也写了《数学方法论选讲》,思想方法的总结是我们的又一个特色,应在课标里强调。未知数与已知数相当于不认识的两个人,拉一个关系就认识了,相当于建立了等式(方程)。

第五点是熟能生巧。变式练习是中国的主要特色,包括问题变式、概念变式等,香港很多博士论文做变式练习研究。华罗庚思想中就有熟能生巧的表现,他说:"书由薄读到厚,再由厚读到薄。"书里面隐藏的东西太多。我们看书很多时候看到的只是结论与结果,写作的艰辛过程我们看不到。但我们要挖掘,去了解和探索它的过程,再提炼它的精髓。练的目的是要把背后的东西搞清楚,这就是"熟",把重点的、好的东西总结出来就是"巧"。有些问题深入地挖掘一下,这是我思考的问题。

西方心理学解决不了我提出的这些问题,他们做的实验都是在小学中,只能解决一些小学生的问题,到初高中就不一定适用了。

美国的小布什专门建立数学委员会,重视数学教育,中国就没有,中国开设的学科太多,国家标准不单提学科,只是总的框架。单单重视数学教育,语文怎么办?历史怎么办?

还有一个问题是代老师需要去做的,应该在教科书中增加部分少数民族特色的东西。有一位老师对我说:在教科书中加入一个帐篷能怎样呢?有什么不好呢?我们现在也用帐篷,蒙古包的外形就是圆柱加圆锥。教科书的编写应该照顾少数民族的学生,每本教材里必须有少数民族的东西。用农村语言体现数学文化。应该考虑少数民族文化特色就是我们中国的特色。我在这方面做得不够。五四运动以后,提出应该以科学救国,但抛弃了中国传统。拿外国的理论来批判中国的传统,中国开始学习西方的教育,其实五四运动只是批判,并没有继承。外国就比较注重自己传统的、优秀的东西,能把传统的和现代的融合在一起。美国就比较注重文化的多元化,能吸收外来东西也不放弃自己的传统。德国的山区、平原等多种地域的特征,都反映在他们的论文中。

数学史方面,未来的中国公民应该知道数学文明最早不在中国,最早是在古埃及和古巴比伦,但是中国有自己的特色,中国最早提出位值记数、负数的引入和算法体系等。要知道中国的数学史,对现代数学知识的融入也要重视起来。

2.2 关于外国教育理论

代钦:凯洛夫的教育理论有很多人在批判,但当时也确实培养了一大批人才,张先生怎么看这个问题?

张先生:凯洛夫很好啊,我最喜欢凯洛夫了,凯洛夫的东西是客观真理。杜威的实用主义教育在战争年代比较实用,因为战争时期时局动荡,社会就是学校,在实践中学习,但在和平年代不行,还是凯洛夫和赫尔巴特的传统教育思想更适用于中国现代的教育。教育要符合教育规律,很多职业不允许创新。没有基础怎么创新?比如说护士不能随便创新,弄不好会死人的;交通警察必须遵照交通规则指挥交通。创新是在熟悉这个职业之后,有一定的经验才可能有所创新,有自己的思考。在总结经验的基础上创新,供后人学习借鉴。对于中学生、大学生来说,理解了就是创新,不理解还让他们创新什么?

我们家装修的时候铺电路,我和那个电工小伙子聊天,我问他是什么学历,他回答说是小学四年级,我问他的电路知识是怎么来的,小伙子说是在实践中学到的,小伙子说数学知识最重要,其实实践中需要很多数学知识。比如说看指针表的时候必须通过一定的换算才能看懂,这就用到最基本的数学常识。我们对应试教育批判得太多,建设得太少。应试教育不是教育问题,而是社会问题所致。

代钦:弗赖登塔尔是著名的数学教育家,我让一个学生读弗赖登塔尔的原著,写一篇关于他的数学教育思想的论文,想请您谈谈对弗赖登塔尔的一些看法。

张先生:读原著很好啊,要想了解弗赖登塔尔的观点就得读原著。关于弗赖登塔尔,我想说他的理论,一个是"再创造",另一个是"数学化"。就这两个名词,大家抹机油一样到处抹,我觉得弗赖登塔尔绝不是这么简单。我刚才说的思辨性与程序性数学的区别,他也有很多好的案例,比如说我常引用的"冰冷的美丽",是我从他的书中摘出的一句话,我觉得非常好,大家都在说"火热的思考,冰冷的美丽",另外一篇论文也引用了我挖出来的这句话。参加这次数学史的会议,我看见一本书里面也有这句话,现在变成流行了,大家都在说。这是非常精彩的话,这是弗赖登塔尔的话。我也常引用他的"巨人的手"这样的案例,我觉得"巨人的手"这个案例非常深刻地体现了弗赖登塔尔的思想。他并不是光说空话,现在我们很多教育家空话连篇,具体案例没有。他的具体案例不是小孩子玩游戏那种东西,他有深刻的内涵在里头。他的书《数学教育再探》里面,可以发现一些新的东西出来,让大家了解弗赖登塔尔思想的精髓。因为现在讲创新,所以"再创造"就被大家所认识,其实再创造对我们数学是很关键的。我们不能重复前人的道路,应该更有效地把前人失败的东西去掉,对更加有效的东西进行理解。现在有文章讲,是不是要重走科学家当年发掘的道路,这个行不行呢?这个不行。重走这个道路,你变成科学家去摸索,那不行,在这个"重走"里面加一个限制词,怎么一个重走法,再创造怎么一个"再"法,这是我们现在需要弄清楚的。现在有些教育文章要么看不懂,要么就是漂亮话漂亮得不得了,什么以人为本、什么绿色的、什么生命之树,都讲这种东西。生命之树怎么生命化,数学学不好不及格怎么生命化,这些方面都没有,所以我觉得教育不能光说漂亮话。弗赖登塔尔不是说这种漂亮话的人,他很实实在在地寻找一些规律。

2.3 关于师范生毕业论文

代钦:有学生写关于中学教科书中函数内容演变的毕业论文,希望张先生能给一些意见。

张先生:做函数我觉得蛮好。对于初中和高中两个函数的概念,现在偏向说高中是现代的、正确的,而初中那个是粗糙的、不正确的,不应该是这样的,函数的本源还是在变化,我觉得初中这个是本源。函数里对应是看不见的,在普通的生活中,你看不见对应,看得见的是变化。说一个老总上班看一个报表,这个报表就是一个函数,看看报表中我们定的价格合适不合适,产量高了还是低了,价格是销量的函数,销量大了,价格还可以提高。他是看这个变量,没有看哪一个集合,哪一个和哪一个对应,他看哪一个发生变化,今天销量太低了,那是不是价格要调整,要下调,他就看这两个变化,所以我觉得初中的是本质的。对应是我们的一种数学的表述,可以有多种表述。我还有一个想法就是说,函数是描写变化的,但是它是形而上学的,就是飞矢不动,一个时刻只在一个地方,这个时刻只在一个地方,永远不会动,它只是形而上学地描述了一种对应关系,它的变化、它的动态没有描写出来。那么到微积分的时候就把这个动态给描写出来了,就是不光在这一点对应了什么,还有它的周围、它的邻域里面对应着什么,光一点画不出切线来,讲速度一点画不出切线来,是飞矢不动的,旁边两点一弄,就有速度出来了,所以微积分出来之后,函数就活了,从初中的变量阶段到高中的对应阶段,再到微积分的局部和整体的处理关系,这样三层就把函数的本质揭露出来了。过去在中学里面函数只有对应,现在讲光对应不能描述函数。描述变化就必须加入局部,我们现在讲邻域,$\varepsilon - \delta$ 邻域,就是说旁边也有点,没有旁边的东西,函数还是不清楚的,它还是固定的一个点,所以像这种东西说的人比较少,函数概念本身的发展想作为一篇论文的话,我希望用一下美国的 David Tall 的 *Advanced Mathematical Thinking*,就是《数学高级思维》。他就认为函数是一个高级思维的对象,他有很多例子判断是不是函数,这里都是研究小学生的,研究小学生的思维过程,专门研究高级思维过程,这里面是以函数作为基本代表的。APOS 理论也是以函数作为代表的,有很多教育理论来研究函数的著作,这方面除了函数本身概念发展之外,怎么教函数,怎么理解函数,现在需要更多的研究,作为一个思维过程,有什么特点应该加以注意,像 APOS 理论这样的说法对于函数教学还不够,函数教学还应该有一些像微积分加入以后对函数更深入的理解,就事论事谈函数的话,得不到太多的结果。

李春兰:张先生,我有一个问题。我现在指导本科生的毕业论文,很多的教育论文都是抄来的,大学本科生的论文创新问题,您怎么看?

张先生:大四学生基本上没有大的创新,但必须要有自己的观点,自己的观点可以大可以小,也不一定正确,但一定要有自己的思考,这就算是创新了。在这个意义上,小学生都可以创新,有自己的思想。一个护士可以不去发明一个东西,改变一个东西,但是必须理解为什么要这样做,这对你本身就是一种创新,如果你做了这个事情积累些小经验,比如怎么打针,这对你自己就是创新,同时要告诉别人,这么打针可能更有效,那么这就是一种小的创新。但这个东西不能随便写上叫人家去遵循,写到护士准则中的创新是需要长时间积累的。大学生写一篇论文要有自己的观点,就是创新了。自己的观点可能是正确的,也可能不完全正确,但是有一部分是合理的,有一部分是有创意的,就是优秀论文。最基本的要求是有你自己对这个问题的看法,不是抄来的,而是用自己的语言来写的。比如我刚才说的,给他们一个题目,从平面几何的点、解析几何的坐标、从向量到后来的复数写一篇文章出来,按自己的理解写,在这个地方做教学的话怎么理解,把这些串起来,自己对这个问题有新的认识。打个比方,从原始人到现代人,也可以换个说法,从儿童到成人到老人,就是以自己的语言去写,我给你出个题目,按照自己的理解去写,有自己的体会,就是一篇论文了,有的文章里面有些优秀的东西你觉得很好拿来用了,这就是创新了,大学生的创新无非就是这个水平。

2.4 关于数学师范生教育

李春兰:张先生,我去年博士毕业,现在内蒙古师大数学系给本科生上"解析几何"课,下学期还准备开"数学欣赏",给研究生上"数学史"和"现代数学与中学数学"。"现代数学与中学数学"这门课用的教材以北京师范大学出版社出版的高夯老师的书为主,现在就是觉得这本书题目虽然是《现代数学与中学数学》,但实变函数、复变函数、数学分析等内容很多,与中学数学还是有一定差距,我看了您的《现代数学与中学数学》,就感觉比较容易理解,深入浅出。

张先生:我们以前教材教法讲通论、分论,现在分论不怎么讲,高观点下的数学教学现在也多得很,他的写法就是布尔巴基那一套,就是公理化体系,弄得大家很烦,用真正的观点来思考的比较少。最近香港中文大学张侨平他们在做一些事情。我欠曹一鸣教授一本书,也是讲这个东西的,就是数学知识的教学理解。他们要写这样一本书,我也想写这样一本书。中学数学知识的教学理解,就是你要教什么东西,必须理解这个东西,教学一定要加深理解,这是以问题为中心的。比如说负负得正,我们争论了半天,负负得正这个问题要怎么理解,负负得正一般人知道就完了,但作为一个老师,你要知道它的背景是什么,你要理解它有几层含义、几个水平,就要去研究这个东西。有的人说负负得正是可以证明的,根据什么证明,根据他的公理化体系,得先有乘法,没有乘法的定义怎么说出负负得正呢,负负得正之前得先有一个乘法的定义,乘法是被很多公理限制的,负负得正才能推出来,但是如果没有公理体系,怎么理解呢?学生怎么认识公理体系呢?有的老师就要说,不得不做就是要做,否定之否定就是肯定,敌人的敌人就是朋友,这是一种一般的道理,然后就说可以从分配律的角度来看,应该怎么样。或者和原来四则运算的规律相互融合的话,应该怎么理解,就写这样的书。我的那本《现代数学与中学数学》脱胎于英国的一本书,前一部分我是改写过了,后一部分改写得不够,我觉得应该从中学现实中提出问题,然后我们来探讨给出某种解释、解答,像这样的书现在没有。我最近还在弄向量,这里面有很多问题,陈省身先生一直在说,平面上一个点,什么都没有,赤裸裸的一个点,就像原始的一个人,后来弄一个坐标,一点就变成(x,y)了,它就可以算了,但是这个点本身不能算,它的坐标可以算,到了向量之后,点本身就可以算了,这个点和那个点可以相加,它就是现代人。到了复数的话,不仅向量值有加减,复数也是这个点,它就可以乘除了,一个点从孤零零的一个点到它可以参与运算,到它本身可以加减,到它本身可以有加减乘除,这是一个系列的、非常漂亮的人的思维发展过程,把这个写出来,很多老师看了之后肯定就豁然开朗了,就是这么一条线索,像这种的都把它写出来,这就是高观点下的中学数学,而不是说向量公理是怎么怎么样的,向量是怎么重要的,这些说的都没用,把这些串起来说一说,从点到坐标到向量到复数的发展过程,就相当于原始的人、古代的人、近代的人、现代的人慢慢的发展过程,我觉得这样讲讲很有趣。

像这种东西可以积累下来,将来写本书出来。题目可以叫做《中学数学内容的教学理解》,不是说本身怎么理解,而是从教学上怎么理解。

李春兰:现在内蒙古师大数学系有一个 30 人的实验班,把数学教育课程的中学数学教材教法改成 4 门课程:"几何画板"、"多媒体课件制作"、"教学设计"、"数学欣赏",培养目标是研究生和高水平教师。您对这个做法怎么看?

张先生:可以啊,例如理科班,为培养数学人才,一部分人可以做教师,另一部分是专门的数学人才。后一部分可以不学习数学教育的课程,教育实习必须参加,教育学和心理学是必学内容,像数学教材教法等内容,可以不学。

新中国成立以来,师范大学办学经验有以下 3 条:

(1) 师范大学培养教师为主,但是也要坚持高学术水平。在学术天平上并不是师范大学一个水平,非师范大学一个水平,而是一样的要求。所以师范大学教育的水平要高,学术水平也不能落后。办 30 人的实验班培养数学人才,带动内蒙古师大数学水平的提高。不光是提高学生数学水平,教师的数学水平也随着学生而提高。

(2) 三个方向中,纯粹数学方向、应用数学方向、数学教育方向应该并重。数学教育的人数可以偏多,纯粹数学方向与应用数学方向的人都要有。在这 30 人中,将来可以分这三条路走,前两年学习的课程是一样的,后两年选学可以分三个方向选修,可以选偏应用计算机方向、选择理论的函数论方向,也可以选数学教育方向。在很好的(数学知识的)基础上,又喜欢数学教育,再选修其他课程去当教师,这三条路师范大学都要走,不能像过去那样只走师范这一条路,特别是省级师范院校更不能如此。必须坚持 3 个方向的人才都要培养。

(3) 数学教师应该有 3 种倾向,即数学理论很强、计算机(几何)方面很好、教育理论很强(会写教育论文)。一个中学中应当有这三类人,这些教师都会教书,但是特长不一样,偏向不一样,不要大家一锅煮。这样一个教研室的教师背景不同,互相帮助,对提高中学水平很有好处。

从我 20 世纪 50 年代毕业以来的这 60 年,师范大学怎么办,就这三条,师范抓住,学术不能放松,三条线并进。对中学教师 3 种不同倾向,这样的师范大学是活的。三条线并行,但紧紧抓住师范主线不能丢,必须领先。而师范领先,其他学术水平不落后,这是水涨船高的一个过程。30 人实验班是正确的,30 个人半年调动一次,不愿意学、跟不上的都可以离开,普通班级的优秀学生可以进来。高考成绩不能决定数学能力,有的同学高考成绩不错,进班后却数学学习不行,有的同学数学学习的潜力较大,可以进入实验班。每半年变动一次,两年后每个人选修的课程可以自己选择方向,公共课程很少。可以考研,不在这个班级也可以。动态管理,目的是培养高水平的人才。到了三年级,选代数方向的都由代数教师负责,可以有专门的考研辅导,也有公共的数学分析考研课,可以由专门教师负责。

代钦:非常感谢,请张先生多保重,以后再找机会来拜访您。

参考文献:

[1] 徐利治.数学方法论选讲[M].武汉:华中工学院出版社,1983.

[2] [荷]弗赖登塔尔.作为教育任务的数学[M].陈昌平,唐瑞芬,等,编译.上海:上海教育出版社,1995.

[3] David Tall. Advanced Mathematical Thinking [M]. Kluwer Academic Publishers,1991.

[4] 高夯.现代数学与中学数学(第2版)[M].北京:北京师范大学出版社,2010.

[5] 张奠宙,邹一心.现代数学与中学数学[M].上海:上海教育出版社,1990.

3 张景中院士访谈录：数学美妙好玩，让数学变得更容易[①]

张景中院士的研究涉及计算机科学、数学、数学教育、教育信息技术等多个领域，他是数学、计算机科学和教育信息技术3个方向的博士生导师，创建了几何定理可读证明自动生成的理论和算法，提出了定理机器证明的一系列新算法，开拓了教育数学研究方向。

张景中院士重视数学科普工作，于1990年被中国科普作家协会评为新中国贡献突出的科普作家，他的著作《数学家的眼光》被中外专家誉为"是一部具有世界先进水平的科普佳作"。北师大曹一鸣教授团队在开展"与数学家同行"的活动时，专门就有关问题对张院士做了一次专访，请他对数学和数学学习的相关热点问题发表看法。张院士以简单形象的例子为载体，讲述了他的看法，使大家获益匪浅。

1 数学的趣味所在

访谈人：张院士您好，非常感谢您接受我们的采访。能否谈谈您有关学习数学，特别是中小学时代学习数学的一些经历？

张景中：我在上小学、中学的时候，数学的课本或读物没有现在这么多。我的学习经历也很普通，没有参加过数学竞赛，也没有别的什么特殊的。平时就是做老师布置的题目，老师把题留给我们，我就按部就班地做。我当时比较喜欢的是提前看一看，能看明白的就先做了，有不明白的就先认真听老师讲再做。我想自学其实是很重要的。说老实话，我对数学的兴趣是在高中时看到一本微积分的书后才逐渐产生的。那本书我虽然有很多地方看不太懂，但是觉得很

[①] 曹一鸣,等.数学美妙好玩,让人感觉解放——张景中院士访谈录[J].湖南教育,2015(10):22-25.

妙,因为书中讲了很多奇妙的方法,比如怎样最快求出最大值、最小值等。这样的方法引发了我学习数学的兴趣。因此上大学就选择了数学。到学微积分的时候,才真正越学越感受到其中的奥妙。

访谈人:您到高中的时候才对数学感兴趣,某种程度上是因为觉得数学的确很美妙。您也曾主编"好玩的数学"这部广受欢迎的丛书,您能谈谈数学好玩在什么地方吗?

张景中:我觉得数学好玩是因为数学非常理性,首先在学习和研究的过程中,数学能够让人感觉到解放。

访谈人:感觉到解放?

张景中:对,数学能够让很多原来不行的东西都变得行了。刚开始学数学时,有一些清规戒律,随着我们不断地往下学,这种清规戒律就不断地被打破,使人一次又一次地感觉到解放。比如,原来负数是不能开方的,后来经过一定的发展,负数就能够开方了。再如,原来只是有穷个数相加,后来无穷个数也可以相加。在这个逐渐学习的过程中,你就会感觉数学的清规戒律越来越少。再如,非欧几何发展后,三角形的内角和就不只是 $180°$,可以是大于 $180°$,也可以是小于 $180°$。还有很多很多这样的例子。

由此你可以看到,数学里面无禁区。你只要想做的都可以做到,原来没有规定的你也可以规定。原来他是这样定义的,你可以那样定义,这让我感觉到了解放。

访谈人:如您所说,数学在很大程度上能够让我们感觉到解放,但是这种"解放感"可能不是大多数人能够体会到的,甚至有人认为,数学是僵化、束缚人们手脚的藩篱。您的这一深入浅出的解读可以让我们更好地理解康托所说的"数学的本质在于自由"。人们只有认识到数学是自由的,才能体会数学是美好的。您觉得哪些是大多数中小学生能够感受、体验到数学是好玩的地方?

张景中:我想应该是力量感。数学是很有力量的。因为有时候,你只需要学一个小时,解决问题的力量跟以前就大不相同了。比如,在小学里,那种很难的应用题,当然现在讲得比较少了,但是还有很多四则运算的应用题。有的应用题,学生拿回去,自己不会,家长也不会,解起来很困难。到后来,学了代数,列个方程就可以解出来了。你如果不断学习,就越会觉得数学给人带来的力量简直是不可想象的。

比如读书,有两种书:一种书读过之后感觉作者写得好,想的和自己差不多;另一种书是只要不看这本书,可能你一辈子也想不出这个方法、这种思想。数学书有很多都是后面这一种,为什么呢?因为其中的很多问题都是世界上许许多多爱动脑筋的人想了很久,终于想出来解决方法。这种方法是前人经过几百年才探索出来的,如果你学会了,那么你就在一节课里往前进了几百年。如果让你自己想,可能一辈子都想不出来。这种书有阳刚之美,也就是有特别的创造性。这种原创性的问题,我们在数学学习中、在数学教学时几乎每个星期都会遇到,而且自己在解题时,也会创造出新的东西来。所以,如果老师在教学时也能带给学生一种力量感,经常让学生体会到昨天还不会的问题今天就会了,那么学生对数学的看法就会不同了。

访谈人: 除了感觉到解放和力量,您觉得数学还能让我们感觉到什么呢?

张景中: 数学还能让人感觉到震撼。比如,在集合论里面,两个无穷都是无穷,居然还可以比较大小,这是非常奇妙的。许多科学家在学习数学的过程中也感到了震撼。伟大的科学家爱因斯坦在他的回忆录中这样描写道:"在我12岁的时候,叔父给了我一本几何书,其中有一道题让我感到震撼。什么题呢?是这样一道题:一个三角形,作出它的三条高。完成之后,我发现这三条高居然定会交于一点!人们不仅能发现这个事实,还给出了证明。这个几何定理使我从12岁开始便有了研究科学的梦想。"后来,爱因斯坦果然实现了这个梦想。另外,我想还有些事情在历史上对人的思想是有震撼感的。比如,勾股定理,中国人很早就发现了。但西方国家认为,勾股定理是古希腊的毕达哥拉斯最先发现的,当时他不知道中国已经有人发现了,以为这是他首先发现的。因此,他就认为这是上帝给他的启示,非常兴奋。据说他杀了500头牛,请全城的人来赴宴,庆祝这件事情。许多哲学家说,有一个直角三角形摆在那里好像就一目了然了,但有人忽然告诉你,你没有看清楚它里面蕴含的规律。这在哲学上是非常有启示意义的。这说明了数学给人带来的好处,表面上看不出什么的事情,它的背后却隐藏着一定的规律。再比如,假定全班有50个学生,如果你问有没有两个人的生日是同一天的,回答几乎都是有的。我们可以用概率进行推断,这种情况发生的可能性在97%以上,而且可以马上算出来。有很多事情好像是随机的,但它里面蕴含有很强的数学规律。再说简单一点,比如13自乘10000次(即 13^{10000}),我们可能知道它是很长的一个数,但是不知道它究竟有多长,是什么样子。有了计算机,马上就能将它的结果一位一位地罗列出来。这也是数学的力量。计算机的原理是数学家首先提出来的,在还没有电子管的时候,数学家就已经提出了电子计算机的模型,而这个理想又过了很多年才在技术上得以实现。

2 让数学变得更容易

访谈人:事实上,即使我们说数学是好玩的,但还是有很多人认为数学是非常难,非常枯燥的。您认为怎么样才能够让大众更易于接受数学呢?

张景中:怎么让数学更容易,这是一个值得思考的问题。我觉得可以先解放学生的思想。我们以前的教材把乘法中的数分成乘数和被乘数,乘数写在后面,被乘数写在前面。比如,有3个孩子,每个孩子2个苹果,求一共有几个苹果,书中要求必须写成2×3,而写成3×2就是错的。事实上,乘法交换律是个非常重要的规律,在学生最开始学乘法的时候,如果告诉他3×2等于2×3,3个2或2个3无论是写成3×2还是2×3都是可以的,学生的出错率就会降低,因为他们的思想得到了解放。在这里,出错是因为有规定。客观上2×3等于3×2,你规定它不错它就不错,何必因这些规定而让学生多出错呢?我们最初辛辛苦苦地告诉学生2×3不能写成3×2,到后来又告诉学生2×3和3×2是一样的,这就有些像在做无用功了,现在的新教材已经不再对此做强制的区分了。再如,讲分数的时候,将分数分成带分数、真分数、假分数,老师花费很多时间去讲,到后来会发现这些东西是没有什么用的,而且科学技术上根本就不怎么用带分数的。所以我想在数学学习中,像这样可有可无、无伤大雅的东西,让学生花许多精力去学习是不划算的。所以在数学已经这么难的情况下,就不要再人为地制造困难了。

其次,我想在教学中,老师要抓住本质的东西,讲清楚数学概念。我举一个小例子。小学的时候学习了平行四边形的面积是底乘以高。但是,你有没有想过这个计算公式是怎么来的呢?一个长4厘米、宽3厘米的矩形,可以分成12个边长为1厘米的正方形,它的面积就是12厘米^2。如果这个矩形是用木条钉成的,我们不小心把它弄歪了,变成了平行四边形,那么它的面积就是12个边长为1厘米的菱形的面积的和了(这个例子,如果让五六年级的学生探讨,他们可能会得出非常深刻的结论)。如果你能把1个单位菱形的面积算出来,那么整个平行四边形的面积自然就知道了。关键是如何求单位菱形的面积呢？通过探讨你会发现，其面积大小依赖于菱形的角的大小。我们先把这个角记为 A，A 不一样，面积就不一样，这就是函数的概念。回到面积，这个问题小学生是没有办法解决的，但我们知道这个面积是 $\sin A$。小学生不知道是什么意思，但如果告诉他们用计算器上的一个键可以算出来，就可以进一步得到正弦函数的定义：对于边长为 1 的菱形，有一个角是 A，我们就把它的面积叫做 $\sin A$。这样一来，我们虽然不知道角 A 的单位菱形的面积是多少，但是先给它起个名字 $\sin A$，由此从一个小学问题探讨得出了正弦的定义。但是它的难度降低了，范围拓宽了，概念清楚了。这相对于传统教学来说，能够让学生一下子知道钝角的正弦的定义，角是直角时，正弦值是 1 也很容易理解了，不再需要通过极限去说明。

我们如果在小学的内容里去掉一些不必要的东西，在中学的内容里改变一些不好的定义，那么就可以把很难的东西变得容易，从原理上讲逻辑将变得更严密。如果按照这个思路，我们的课改会使学生学得更容易、更快乐，而且比原来学得更多。现在的教育理念大多在讲教学的组织方法。如果我们再进一步，不仅在方式方法上，还能在内容上再改进一步的话，那么可能会更好。这就要求小学要做好铺垫。怎么铺垫呢？小学里面要逐步渗透函数思想、符号思想，还有定义的思想。数学里面的概念、定义都是人给的，人规定的，人起的名字，比如你开始时不知道 30° 角的单位菱形的面积，就给它起个名字，我们就可以得出公式，有了公式就可以列方程，列了方程一解就知道了，这就是数学方法。

3 学习数学的动力和意义

访谈人： 现在有很大一部分人会认为，如果不考就不必要教，不考就不必要学，因为与成绩无关，与升学无关。您觉得面对这种情况，该怎么应对呢？

张景中： 其实，我觉得学习的趣味性很重要，学习的目的不是为了考试，没有必要完全以考试为动力。教学应该让学生对学习有兴趣，数学教学也应该如此。数学的趣味性不在外部，而在它的内部。要让学生能够钻研到里面，体会到数学的趣味性。要做到这些，需要提高老师的水平、教材的水平以及整个社会考试的引导。我们现在的考试，要求学生在一两个小时内完成一二十个题目,实际是让学生在有限的时间内解更多的题,而不要做过多的思考,我想这是很不好的。有人认为奥数有很多缺点,但是我想奥数至少有一点是值得肯定的,那就是它提倡思考,它要求在4个半小时内做出3个题目,也就是说平均每个题目有1个半小时可以用来思考。但我们的考试考的更多的是记忆,学生不会思考,只是通过大量的训练掌握了一些做题的具体步骤或者是解题技巧来应对考试,这样学生在遇到真正的新问题的时候,可能就不知道怎么做了。

访谈人:现在,很多人都不喜欢学习数学,觉得可能没什么用。基于您多年科研与科普的经验,从一个数学家的眼光来看,您觉得数学有用吗,或者说我们应该怎样正确对待数学这门学科呢?

张景中:我想这个问题比较复杂,有各种不同的情况。事实上,有的人一辈子都搞不好数学,但他可以做好其他的事情。但我想就大多数人来说,有了基本的数学知识,对这个世界的理解,甚至对社会的和谐都是有好处的。我觉得数学是基本的文化素养之一。但我也不排除特例。有人不学数学也可以活得很好,生活得很好。从统计意义上来说,大多数人学了数学,能够提高他对这个世界的认识。数学对性格的陶冶也好,对处理问题的理性都是有帮助的。

数学可以很好地锻炼人的思维方法和能力,知道什么事情讲个什么道理。我觉得我们现在社会主义核心价值观,只有24个字,就与数学有好多相通的地方。法治,这个法就和数学有共同点,我们社会要有不能违反的法律法规,数学也是这样的。数学就先说好了一些规则什么的,比如公理,这个公理就是我们在解题和研究的时候都要遵守的,否则就不能解决问题了。平等也是符合数学理论的。数学是平等的,在数学领域,无论怎样权威的人,如果说错了,任何人都可以指出来,错了就是错了,不可能是对的,否则是会被讨伐的。数学不是一人一票决定的事情,数学文化在很多点上符合这个核心价值观。我想在学习数学的过程中,人们是能够更好地体会到社会准则的。

其实数学能够培养人们的一种理性精神,帮助大家形成一种契约精神,遵守规矩去做。

参考文献:

[1] 张景中. 张景中教育数学文选(当代中国数学教育名家文选丛书)[M]. 上海: 华东师范大学出版社, 2021.

4 吕传汉教授访谈录：跨文化数学教育研究的缘起、发展与展望[①]

吕传汉教授是我国跨文化数学教育研究专家,曾任贵州师范大学数学系主任、副校长,2018年获基础教育国家级教学成果奖一等奖,受到党和国家领导人的接见。为深入了解跨文化数学教育研究,长沙师范学院陈飞老师专程赴贵州师大访谈了吕传汉教授。

1 缘起

陈飞(以下简称"陈"):吕教授您好,今天是2017年1月1日,向您道一声新年好,祝您身体健康,很荣幸能够对您进行访谈。众所周知,您在国内首创跨文化数学教育研究,您能否谈一谈是什么机缘让您选择此领域的研究?

吕传汉(以下简称"吕"):我1960年毕业于贵阳师范学院数学系(今贵州师范大学数学科学学院)并留校任教。1960年至1962年到上海复旦大学数学系跟随谷超豪院士进修偏微分方程,之后的20多年一直从事本科生的微分方程、复变函数、理论力学等课程的教学工作。

20世纪八十年代的贵阳师范学院数学系科研水平比较落后,我作为系主任,就想寻找一个既能带动我的研究水平提升,又能带动整个数学系全体教师研究水平提升的课题。经过十年的调研、探究,最终选择了跨文化数学教育研究课题。

这个选择,经历了漫长的探索。

开始在1976年,我选的是研发计算机辅助教学仪器这个课题,目标是要制造20年以后当计算机普及时供大中学生用的计算机辅助教学仪器。为此,在

---

① 陈飞.跨文化数学教育研究的缘起、发展与展望——吕传汉教授访谈录[J].数学教学,2018(3):1-6.

省教育厅的支持下我们办了一个无线电教学仪器厂，遵循毛主席"学校办工厂，工厂办学校"的指示，把数学系76级的20个学生转到无线电教学仪器厂作为"工厂办学"的半工半读学生，我还给他们上了普通物理等课。后来经过调查和查阅资料得知，选这个课题的想法很好，有前瞻性和重要的教育意义，但是根据我们的条件无法实现，无可行性。这个课题就没做成，但无线电教学仪器厂办起来了，20个学生也招进来了，不能研发计算机辅助教学仪器，就需要改变培养方向，把他们培养成贵州省的第一批电化教学人才。于是，就带着他们做"电化教学"仪器，生产供中小学校用的收音、扩音、电唱"三用机"。在上海"葵花牌"电唱机厂的帮助下，我们生产的"三用机"畅销国内，取得了较好的经济效益，1978年我们的无线电教学仪器厂还被省里评为"工业学大庆"的样板。后来这个无线电教学仪器厂因不符合我们数学系的科研方向，便交给学校去办了。

接下来就需要换研究课题。恰好，我在复旦大学进修时的李大潜老师，介绍我们到河北涿县的石油部地球物理勘探局，从事有关石油地震勘探中的计算方法研究工作。于是1979年我组织了3个教师，到那里做课题研究。3个月做下来，我就反思，我们数学系没有这么先进的计算机设备，即使有这样的设备，贵州的喀斯特地貌也难以实施石油勘探。虽然这个课题研究我们可以写出几篇论文，但又偏离了我们寻找科研课题的初心。最终这个课题也没有做成。

上面两个课题我都果断放弃了。知道研究的方向错了，就一定要改正错误，绝对不能够钻牛角尖，在可以回头的时候就一定要回头。固执不等于执著，要懂得在反思中前进。

与数学教育研究结缘是在1979年12月，我到北京师范大学去看我系在北京师范大学攻读硕士学位的陈木法老师时，巧遇北师大数学系的曹才翰老师给学生作"国际数学教育改革趋势"学术报告。我便到会场坐在后排听讲，他两个小时的报告使我大开眼界，特别是讲到美国、苏联等国家的一些数学家，50岁以后才开始把精力转向数学教育，这对我启发很大。我想师范院校数学系，为什么不把培养数学教师作为一个重要的研究方向呢？为什么不研究数学教学呢？曹才翰老师的报告一结束我马上跑上前去对他说："曹先生，非常感谢您开了我的眼界，我下一步也要研究数学教育。"他问我是哪里的，在我告诉他我是贵阳师范学院数学系的老师，已从事23年高等数学教学工作之后，他说非常欢迎从事基础数学教育的老师转向研究数学教育。

回到学校后我就发动老师们研究数学教育,从那时候开始总算是找对研究方向了。接下来的问题是该如何进行数学教育研究,我做了一个规划:

一是从1980年起拟用5年时间创造条件招收数学教育研究生;

二是要把全国的数学教育同行团结起来,共创数学教育研究新局面。为此,1983年我主动联系以北师大为首的十三院校教材教法编写组扩大会到贵州开会。那次会议得到了我们学校和贵州省教育厅、安顺师专、安顺教育学院的大力支持,办得非常的成功。

在会议上我们提出倡议:

第一要建立一个全国高等师范院校数学教育研究会,得到参会人员的一致赞同;

第二要办一个数学教育的专门刊物《数学教育学报》,让全国高等师范院校的数学教育同行"以文会友",并说贵州师大愿意来办《数学教育学报》,又得到了与会人员的一致赞同。

全国高等师范院校数学教育研究会1985年在襄樊成立,东北师范大学的马忠林教授是第一任理事长。至于办《数学教育学报》,贵州师大愿意每年拿出4万元经费来补助,并且给编辑部提供3个人员编制。这给我们办学报很大的支持,但之后我再三思考,贵州师大地处偏远的西南角,名气不大,杂志很难办出名气。当时天津师大也有意要办,我就飞到北京,然后转到天津师大找校长谈。校长说:"大家都同意你们办,你们办吧。"我说:"办《数学教育学报》的条件我们虽已经准备好了,但是天津师大地处中心地带,更有利办杂志,还是请天津师大办更好。"就这样天津师大每年拿出4万元经费来办,并且编辑部的编制也是按照我们说的配备的。《数学教育学报》成立了董事会,董事长是历任天津师大的校长,我是常务副董事长。现在《数学教育学报》已经办成全国的核心期刊了。

在数学教育研究人员方面我也做了准备工作,贵州师大教材教法教研室原本只有4位老师,后来我动员了6位老师加入这个教研室,加上我教研室就有11位老师,说明我们非常重视数学教育方向了。在贵州师大,数学系教材教法课不再被看成是无关紧要的"豆芽课"了,北师大的曹才翰、丁尔陞先生都对我们这样重视数学教育的环境表示羡慕。经过了5年的准备,我们在1986年招收了第一届数学教育的硕士研究生。

数学教育的研究方向很多,该选择哪一个作为我们的研究重点呢?我曾经考虑选择数学史,后来日本筑波大学数学教育研究所能田伸彦教授1987年到贵州师大访问,我请他指导。他说:"研究数学史需要花相当多的钱从国外购买研究资料,你们没有优势,并且也搞不出特色。贵州少数民族多,你们要是研究贵州的少数民族数学教育就很有特色,你们'土'的东西就是我们'洋'的东西。"他走以后我就带着3位老师到贵州黔南州、黔东南州的民族地区调研了11天,得到少数民族数学教育确实值得研究的结论,拉开了我们跨文化数学教育研究的序幕。

陈:原中国概率统计学会理事长陈木法院士也曾受过您的指导,能否再详细谈谈陈木法院士在贵州工作的情况?

吕:陈木法1979年从北师大数学系毕业以后,分配到贵州师大附中工作。陈木法是工农兵大学生,大学只读了一年级,他的自学能力很强,就边工作边自学高等代数、近世代数、微分方程、概率统计等课程。

我有一次碰见他,一问才知道他同时也在工厂做推广优选法的实验,并且做出了一些成果。我就把他请到贵州师大给大学生讲优选法。听了他的讲座,我感觉他讲得非常好,就对他说:"你到师大本部数学系来教书怎么样?"他说当然愿意。我就去找贵州师大附中的校长谈,把他调到师大数学系教书了。

陈木法到贵州师大以后,我安排他边搞科研、边搞教学。一年只给他安排了一个学期的概率统计课,另一个学期让他到长沙铁道学院跟着侯振挺研究马尔科夫过程。后来他发表了6篇论文,破格升了讲师。我对他说:"你一直待在贵州师大是不行的,发展不好,你最好去考研究生。"我就推荐他去报考北京师范大学严士健教授的研究生,严士健先生把他收做了研究生,他后来获得北京师范大学第一个博士学位,在马氏过程研究等方面做出了显著的成绩,2003年他当选为中科院院士。

2 发展历程

陈:您先是从事了23年的高等数学的教学,又经过数年的探索,终于选择了跨文化数学教育研究这个研究方向,并且带着您的团队一研究就是30多年。您能否谈一谈,跨文化数学教育研究的主要内容有哪些?实施的过程是什么样的?

吕:我从 1985 年开始从事跨文化数学教育研究,一直到现在,做了 30 多年。

跨文化数学教育研究,是指不同文化背景下的数学教育特点与规律的研究。研究宗旨是,努力缩小文化背景差异(特别是城乡差异)带来的数学教育差距。

此项研究的历程,可以分成 3 个阶段。

第一阶段(1985—1997 年)

重点是挖掘贵州少数民族地区的数学文化,考察不同民族文化背景下学生的数学思维状况。

贵州的少数民族很多,例如苗族有人口 360 多万,地域分布比较广,这会导致某一个地区苗族学生数学思维状况不具有普遍的代表性。所以我们的研究重心就聚焦到水族,贵州三都是全国唯一的水族自治县,三都水族学生数学思维状况就能代表整个水族学生数学思维状况,就会得到全国数学教育研究者的认可。

1987 年,我和汪秉彝教授带着研究生和进修教师十余人,深入到三都水族自治县做实地调查。既考察了水族古墓中的数学文化和水族古书中的数学文化,又考察了水族民间数学文化,还设计了一些针对水族学生的数学思维测试题。前后一共调查了 43 天,收集了几大纸箱资料。随后,又对贵州的苗族、布依族数学文化进行了发掘、整理。我们的研究生利用这些资料写出了优秀的论文,得到了全国同行专家们的高度评价。张洪林、张学杰、韩龙淑、邓永汉、李明振、李俊扬、谢明初等人的硕士论文,被国内同行专家评为研究水族、苗族和布依族数学文化及数学教育的具有开创性的优秀论文。

这一阶段的跨文化数学教育研究工作,在贵州的黔南州、黔西南州、黔东南州的 20 余个县和云南的石林、潞西、元江等县连续进行了 10 余年,得到国内专家认可。例如,1991 年中国教育学会会长顾明远先生在《文化背景与民族教育》一书的序言中指出:"过去,我们对少数民族教育的研究是很不够的,特别是没有开展对他们的文化背景的研究,更谈不上对多民族杂居地区的跨文化研究了。贵州师范大学为我国少数民族教育的研究开了先河。他们首先是由数学系的同志研究水族儿童及青少年学习数学的特点开始,认识到少数民族文化背景的研究对发展民族教育的重要性,发展到不同民族进行跨文化教育的研究。这种研究在我国可以说还是首创,有十分重大的意义。"

第一阶段的研究成果主要体现在研究生们的论文中,同时也出版了《文化背景与民族教育》《数学教育的跨文化研究》等4本专著。不足之处是,没有用到中小学课堂教学上。

第二阶段(1998—2013年)

重点是进行跨文化数学教育融入课堂教学实验,即"情境—问题"教学实验。

我们的课堂教学应该选用哪一种教学模式,才能适应不同文化背景的学生的数学学习,才能促进学生数学思维能力的发展,逐步缩小文化背景差异带来的数学教育差距?

为此,从1997年至1999年,我和汪秉彝教授连续召开了一系列中小学数学骨干教师和专家的小型研讨会,对传统数学课堂教学进行了反思:我们的课堂具有启发式教学的优良传统,学生解决问题能力较强,但学生提出问题能力较差,严重制约了学生创新意识的发展。

为了客观地评价我们的反思性认识,我们和美国特拉华大学的蔡金法博士在1997年至1999年,同时进行了3年的中美小学高年级学生的"数学问题提出与解决"的跨文化研究。后经测试分析,所得结果与我们的反思性研究一致。

为此,我和汪秉彝教授根据现代教育理念科学地整合了东西方教学模式,在国内首次提出具有中国自身特色的教学模式,即"创设数学情境与提出数学问题"教学模式,简称"情境—问题"教学模式。并于2000年1月在贵州,随后在西南地区及国内20余个省市的千余所中小学,开展了"情境—问题"课堂教学改革实验。从2001年到2007年先后出版了《数学情境与数学问题》等7本著作,促进了国内"情境—问题"教学模式实验的发展。

"情境—问题"教学模式的流程是,"创设情境,提出问题,解决问题,注重应用"。教学模式的核心是把"质疑提问"、培养学生的问题意识、提高学生提出问题与解决问题的能力贯穿于教学过程的始终。该教学模式由数学教学迁移到其他学科教学。应用该模式教学,中小学教师容易操作,实验班级教学质量得到明显提高,实验教师的专业化教学水平也得到较好的发展,历时14年的教学实验在国内外产生了比较广泛的影响。

第三阶段(2014年至今)

重点研究通过教思考、教体验、教表达(简称"三教"),来培育学生的核心素养。

"三教"是我在反思最近10余年课改的进展状况后,2014年元月首次在国内提出的课堂教学培育学生创造性素养的一种教育理念。

教思考,重在培养学生的数学思维;教体验,重在促进学生的数学领悟;教表达,重在强化学生的数学交流。

"三教"和第二阶段的"情境—问题"教学模式结合起来,用"三教"思想引领"情境—问题"教学,能够培育学生的核心素养。跨文化研究的教学实验点,主要放在县及县以下的中小学校,通过"三教"教育理念,减小了城乡数学教育的差距。

我们在贵州习水寨坝镇做实验,取得了较好的效果,"三教"教育实验正在贵州习水县城乡全面铺开,力图探索在不同文化背景下"三教"教育培育学生核心素养的经验。

"三教"思想也得到了北京和上海一些专家、名师的关注。

跨文化数学教育研究分3个阶段进行了以后,得到了数学教育专家和一线数学教师的广泛认可。我们认为做教育研究课题不应抱着过强的功利心,只要踏踏实实地去做就行了。

陈: 做您的学生一定很幸福,能跟着您从事跨文化数学教育研究,能否谈一谈您在研究生培养上的工作?

吕: 我培养了48名研究生,他们中有23人获得了博士学位,先后被聘为教授。其中最突出的是聂必凯和李明振。

聂必凯原来的基础不好,是荆州师专的函授毕业生,从事小学教学工作。1998年他报考贵州师范大学计算机辅助教学方向的研究生,我建议他改读数学教育。他跟着我就读数学教育硕士,我对他提出了两个要求,一是要他补一补高等数学知识;二是要他加强外语训练。他非常的勤奋,每天戴着个耳机练习英语口语,1999年美国特拉华大学的蔡金法博士到贵州师大访学的时候,他已经可以用英语和蔡金法对话。聂必凯在贵州师大读书时,身边还带着小孩,我就安排他的小孩在贵州师大附属小学就读。聂必凯现已成为美国特拉华大学数学系数学教育博士后,是国际著名华人数学教育家蔡金法教授的得力助手。

李明振可以说是个"读书迷"。他硕士毕业以后留在贵州师大工作，因为家庭的原因调回到河南工作，后又去西南大学宋乃庆教授处读了博士。他从数学的角度和教育学的角度对数学建模进行研究，取得了丰硕的成果。之后又到南京师范大学跟着喻平教授做博士后，从心理学的角度研究数学建模。接着他又到南京大学跟着蔡仲教授做博士后工作，从哲学的角度研究数学建模。他从数学、教育学、心理学和哲学多角度研究数学建模长达10余年，取得丰硕的研究成果。在数学建模研究上居于全国领先水平，目前是重庆师范大学教授。

陈：我们知道"一个好汉三个帮"，要进行如此大规模的教学实验，除了您的研究生以外，还需要很多人的参与，能否介绍一下您的研究团队？

吕：我们的团队从一开始就是一个"三结合"的研究团队：由贵州师范大学数学系老师负责引领，带着研究生做理论研究；由市、县教育局的数学教研员负责组织，宣传跨文化数学教育研究；由一线数学教师负责在课堂教学中实施。我们的团队在贵州省就有100多人。

陈：您的研究团队跟着您做研究，收获应该都不小吧。参加研究项目的一线教师专业发展情况如何？能否讲一个比较典型的例子？

吕：我们团队中的成员发展得很好，有的成为大学教授，有的成为中学特级教师、正高级教师。如原罗甸中学的校长吴万辉就是个典型的例子，他参加我们团队的时候只是个普通的教师，跟着我们做"情境—问题"教学实验，很快成了高级教师、特级教师，还获得了贵州和全国五一劳动奖章。2001年8月在北京市人民政府面向全国公开招聘10名特级教师时他被选中，并分配到北京第八十中学任教。如今的吴万辉老师已是北京市第八十中学数学特级教师、正高级数学教师，已在各种报纸杂志发表论文100多篇，出版著作50余本。拥有中国数学会会员、中国素质教育学会会员、中国教育家协会理事等多个身份。2010年11月他被第七届中国教育家大会授予"全国十佳特色基础教育专家"荣誉称号。其先进事迹曾先后被《人民日报》《求是》《东方之子》《党建交流》等杂志和新闻媒体作过专题报道。2011年9月9日，他荣幸地受到国家领导人的亲切接见和慰问。

这一切的荣誉都是基于他长期地坚持教学研究，积极地探索"情境—问题"教学，认真地指导学生开展研究性学习，努力地培养学生探究创新精神和实践能力。

陈：您的研究对中小学生数学素养的提升，对一线教师的专业发展都有很大的帮助，您能否再谈一谈跨文化数学教育研究对我国的基础教育课程改革有何影响？

吕：跨文化数学教育研究持续的时间比较长，开始的时间比较早，从 2000 年元旦开始做第二阶段的"情境—问题"教学实验，当时课标还没有出来。

《义务教育数学课程标准（实验稿）》2001 年才公布出来，凡参加了跨文化数学教育研究"情境—问题"教学实验的教师，在实施《义务教育数学课程标准（实验稿）》的新教材教学中，完全能适应课标的要求。因为我们的基本思想就是要引导学生独立、自主学习，在学习中不断发现问题，提出问题，分析问题，解决问题。

后来课标修订组把发现问题、提出问题的基本思想写进了《义务教育数学课程标准（2011 年版）》，明确提出了"四能"的要求，即提高从数学的角度发现和提出问题的能力、分析和解决问题的能力。

陈：这项研究前后有 30 多年，至今还在进行，产生了广泛的影响。您能否谈一谈这项研究获得过哪些部门的支持，获得过哪些经费支持，得到过哪些奖项？

吕：1987 年发表的论文《初论跨文化数学教育研究》在 1999 年获教育部颁发的全国第二届教育科学优秀成果二等奖。

中小学数学"情境—问题"教学实验课题是中国教育学会"十五"规划重点课题，基于该项目的理论价值和实践意义，该项目实施滚动发展，被中国教育学会批准为"十一五"规划重点课题。

贵州省教育厅于 2006 年 2 月发文，在全省中小学推广数学"情境—问题"教学实验（黔教办学［2006］40 号文）。

2007 年 9 月《论中小学"数学情境与提出问题"的教学》一文，获贵州省政府第七次哲学社会科学优秀成果二等奖。

我曾经还在 1987 年报了一个联合国教科文组织的课题，获批了 4 万美元研究经费。由于当时信息不通，错过了领取经费的时间。虽然这个钱没有得到，但是足以说明联合国教科文组织很重视我们的研究，他们承认我们的研究成果。

陈：我们知道国外有民俗数学教育研究，那么中国的跨文化数学教育研究跟国外民俗数学教育研究有何异同？

吕：国外的民俗数学教育研究比较宏观，例如英国的一个小学有来自10多个国家的学生，若要研究不同文化背景下学生的思维能力，就是进行国与国的比较，没有进入到数学学科教学研究。

我们研究的最大特色不是国与国的比较，而是在国内不同文化背景下民族学生的数学思维能力的比较，特别是城乡背景差异下发展学生数学思维能力的比较研究。

跨文化数学教育研究的目的，就是缩小文化背景差异带来的民族之间、城乡之间儿童数学学习的差距。

我们的跨文化数学教育研究已经进入课堂，融入学科教学中了。

陈：请您再谈一谈跟国外学者的交流情况，他们对中国的跨文化教育研究如何评价？

吕：1987年日本筑波大学能田伸彦教授到贵州师大访问时，我带着他到三都县去调查、测试水族学生的数学思维。他们所作的实证性研究，给我后来带研究生，提供了日本学者的测试方法。

1991年我到英国南安普顿大学访问5个月，曾抽时间到伦敦大学教育学院多文化教育中心访问，与该中心主任交流后，他说我们的跨文化教育研究已融入数学课堂教学中去，走在了他们的前面。

美国奥克兰大学教育学院的院长玛丽教授，2002年曾带团队到贵州师大访问，我跟她介绍我们的研究后，得到了她的肯定。她激动地说："奥克兰大学一样可以在美国的不同城乡文化背景下来做研究，并不一定是国与国之间的比较。你们这样做很有实效，直接使你们的民族地区，缩小文化背景差异带来的教育差距，非常好。"

3 展望

陈：此项研究要不断地传承下去才好，能否谈一谈您的团队中能够继承您的事业，继续从事跨文化数学教育的中坚力量？

吕：跨文化数学教育研究是一个长远的、世界性的教育研究领域，它的研究宗旨是缩小文化背景差异带来的数学教育差距，这对我们多民族国家的人才

培养具有重大的现实意义。现在我们的研究团队,仍在继续进行此项研究工作,诸如:

贵州师范大学数学科学学院2013年荣获了教师教育国家级团队称号,获得了博士学位授予权。现在以博士生导师夏小刚教授(我的硕士研究生)为首的团队里面有11个人,其中有教授5人、博士3人、硕士7人。他们在继续进行"三教"培育城乡学生核心素养的有关课题研究。

凯里学院民族数学文化研究团队,主要成员有罗永超教授(我的本科学生)、杨孝斌教授(我的硕士研究生),近几年他们出版的著作有《苗侗数学文化与数学情境教学》《人类学视域下的贵州少数民族数学文化研究》。现正在继续进行苗侗数学文化的发掘与进课堂的教学研究。

兴义民族师范学院副院长彭光明教授(我的本科生),最近几年带着他的研究团队,研究了黔西南州的布依族数学文化,出版的著作有《山地旅游布依文化数学教学案例》,正在将布依数学文化用于初中、小学的数学教育之中。

云南德宏师专的周长军教授(我参与指导的硕士研究生)带领的团队,研究了云南傣族数学文化,出版了《水文化中的数学智慧——德宏傣族民俗文化中的数学元素》。

我都积极指导他们继续从事民族地区的跨文化数学教育研究工作,并应用民族数学文化进课堂,培育学生的核心素养,努力为国家民族地区,培养更多的创新型人才。

陈:听君一席话胜读十年书,今天学到了很多跨文化数学教育的知识,再次感谢您能接受我的访谈。

注:感谢吕传汉教授对访谈稿的精心修改。

参考文献:

[1] 吕传汉,汪秉彝.初论跨文化数学教育研究[A].《数学教育学报》编辑委员会.数学教育科学论文集(1988—1989)[M].天津:天津科学技术出版社,1990.

[2] 吕传汉.文化背景与民族教育[M].贵阳:贵州教育出版社,1991.

[3] 吕传汉,张洪林.民族数学文化与数学教育[J].数学教育学报,1992(1):101-104.

[4] 汪秉彝,吕传汉.再论跨文化数学教育[J].数学教育学报,1999(2):16-20,25.

[5] 汪秉彝,吕传汉.创新与中小学数学教育[J].数学教育学报,2000(4):34-36.

[6] 吕传汉,等.数学情景与数学问题[M].重庆:重庆大学出版社,2001.

[7] 吕传汉,汪秉彝.论中小学"数学情境与提出问题"的数学学习[J].数学教育学报,2001(4):9-14.

[8] 吕传汉,汪秉彝.再论中小学"数学情境与提出问题"的数学学习[J].数学教育学报,2002(4):72-76.

[9] 杨孝斌,吕传汉,汪秉彝.三论中小学"数学情境与提出问题"的数学学习[J].数学教育学报,2003(4):76-79.

[10] 吕传汉,汪秉彝.论中小学"数学情境与提出问题"的教学[J].数学教育学报,2006(2):74-79.

[11] 吕传汉,汪秉彝.中小学数学情境与提出问题教学研究[M].贵阳:贵州人民出版社,2006.

[12] 严虹,游泰杰,吕传汉.对数学教学中"教思考、教体验、教表达"的认识与思考[J].数学教育学报,2017(5):26-30.

[13] 严虹,游泰杰,吕传汉."三教"引领中小学数学教学培育核心素养探究[M].贵阳:贵州人民出版社,2018.

5 单墫教授访谈录：学会学习，做感兴趣的事[①]

南京师范大学单墫教授是国内首批培养的 18 位博士之一，这之前他做过 10 多年的中学教师，深知教学一线的问题和需要，因此他更加珍惜再次接受高等教育的机会，也更想将学术与教学实践紧密地联系在一起。单教授从 30 多年前就开始从事数学普及工作，只要提到数学解题和数学竞赛，大家都会不约而同地想到单墫教授。

也正因如此，单教授在谈到中小学生的数学教育、教学问题时，非常地开诚布公。北师大曹一鸣教授团队和他一起谈论教育热点问题时，他毫不避讳，有问题就直说，很少高谈阔论，从不拐弯抹角。他的语言也很接地气，经常使用贴近生活的例子，更愿意在生活中发现问题、揭露问题。曹一鸣教授团队与单老师的访谈，让大家既能"仰望星空"，亦可"脚踏实地"。

1 单墫教授谈数学学习经历

访谈者： 单老师，您好！我们计划访谈一些热心于数学教育的数学家，请大家从数学家的视角谈谈对数学教育中的一些关键问题或热点问题的看法。今天能否请您结合自己的学习和研究经历，谈谈您是如何喜欢上数学的？

单墫： 说实话，我小时候对数学并不是太上心，其实更喜欢文史一些，喜欢看小说，看历史上的东西。那时候觉得数学好像没有什么用，就是觉得比较容易。我小时候喜欢下棋，比如象棋、军棋，还有打扑克牌、牌九。其实我小时候就是喜欢玩，数学也没花什么工夫，那时候也不像现在要学奥数。

我在小学的时候做算术应用题有个特点，老师要求解应用题要分开写几个

[①] 曹一鸣,等.学会学习,做感兴趣的事——单墫教授访谈录[J].湖南教育,2015(11): 22-25.

式子,但是我基本上从头到尾就写一个式子。因为那时候数学学得不错,脑子转得很快,所以可以只写一个式子。

当时的小学数学比较容易,初中的内容也学得不多。像平面几何,我们初中都不学相似,相似是在高中才学的,用的是苏联教材,但教材体系比较严谨。那时候初中对平面几何的表达要求比较严格。我们做平面几何题都要求先打草稿再写上去。我们老师要求非常严格,他打叉都是打对角线的那种大叉。初中数学那时确实不是很难,不过我们都觉得很有意思,因为兴趣、喜欢,思维要求也不超过我们那时候学生的水平,只要努力就能达到了,要是太难的话,学生就该没有兴趣了。

到了高一稍微花了一点工夫,当时平面几何书是线装本,发下来后老师还没讲我就把题目都做了一遍。那个教材的习题比较多,还是不错的。现在的教材也有这个特点,习题比较多。我那时就是喜欢自己看书,主要还是因为有兴趣。我们那时候书看得也不多,平面几何好不容易有一本李俨编译的《近世几何学初编》,不过排版的错误非常多。后来有一个同学买了一本邱丕荣翻译的《近世几何学》,大家当成了宝贝。那本书相当好,但也就只有平面几何而已,现在来看眼界非常浅。我们当时还组织了一个数学小组,叫FSTY,四个同学一起做《数学通报》上的题目。FSTY是每个人的姓氏首字母。其实我们就是觉得做数学题很好玩,也没有说特别懂什么的,都是自己感觉有兴趣,但水平也就如此而已。那时候书也少,偶尔看几本书或者小册子,也没有看得太懂。

上高中那会儿,我哥哥比我高两个年级,有时候我就看他的书。他读的是南京师范大学数学系,大学就学微积分了,我也拿他的书来看,就是看微积分,比较浅的也看了一些。那时候我还在上中学,可能看得最花工夫的一本书是高扬芝的《极限浅说》。说实话,那本《极限浅说》写得一点都不浅,书中什么都要证的,而且印刷错误非常多,真的看得头疼得很,但是不管怎么说总想要看下来,确实觉得我看书的能力还是有的,坚持下来以后,后来看书就不觉得吃力,就是说自学的能力还是有提高的,自己能看书了。

后来接触到的微积分教材比较严谨,我们大概在高三也看了。上大学以前我也看过,就是自学过一些东西。我哥哥买了一些书自己看,我跟着他看,其他的真是没怎么用过功。

但是像我这样不用功的也少,我上课净是在胡思乱想,很少听课,常常上课做作业,放学时就做完了。那时候应该说课程比较轻松,相对来说比较容易,跟现在不好比,现在中学学的内容太多。我的小测验成绩往往不大好,数学可能好一些,可以做出几道题,总归就是不懂得用功。

2　单墫教授谈解题心得

访谈者:您说您不用功,其实还是因为出于对数学的兴趣,自己学了不少的数学,看来兴趣确实是非常重要的。您后来在数论方面也做了很好的研究工作,特别是现在很多人一谈到解题都特别佩服您,都说经过单老师的认可就是权威的。在解题方面,您有哪些经验可以供大家分享?

单墫:解题能力的话应该说也是需要锻炼的。我在中国科学技术大学读研究生时,同宿舍的还有肖刚和李克正,他们的能力都很强。因为"文革"前我就教书了,他们那时候都还是学生,所以中学这块的知识我觉得我还是很强的,就是做题能力很好,但是跟他们一比却不高。他们有很好的想法,而且思路很活,我跟他们学到不少东西。刚开始大家一起做题,做美国的大学生竞赛题,确实收获很大。他们的思维很开阔,对我的影响很大,我解题方面的能力提高很多。这也就是说,你跟一个高手在一起切磋才会有很大的进步,就跟下棋一样,你跟一个下得好的一起下,很容易获得提高。

我还在解题上有个心得,就是总希望把题目解得更好一点,那就需要在做完以后好好进行总结。在解题这方面,波利亚写的几本书是相当好的,如《怎样解题》,他确实是有真正的看法。我一直要求自己写完以后要回顾,要注意看能不能写得更好一点。对于老师来说,不是说一个问题你绕了 5 个圈解决了,你还要带着学生再绕 5 个圈。即使你自己绕了 5 个圈,讲的时候,要让学生少绕圈子才好,所以要注意这个问题,每次都注意做得更好一点。

访谈者:您刚才谈到了解题能力需要锻炼,现在的中学生实际上做题非常多,比您那时候可能要多很多。但是学生做这么多题目以后,也不一定对他的解题有特别大的帮助,您怎么看这个问题?

单墫:首先,现在的学生功利性太强,他不一定是因为喜欢数学而去做题的。其次,确实是有些人把太难的题目给学生了,这个不好。包括教材里面也有很多很难的题目,以前教材中的题目难度还比较平稳,偶尔有点难的题目放在最后。现在你不知道忽然哪个难题就"猫"在里面,这个很不好。教学时可以补充一点课外题,但是基本上来说不要太难,更不要总是以中考、高考为目标,我觉得现在有些题目是过分难了。一个题目是你自己解出来的,还是看了解答之后想出来的,效果是很不一样的。再次,初中教材的要求太低,而课外的题目太难。以前是课内外差别不大,课外难一点,但不是难很多,现在差距太大。这也许和现在的课标制定有关。课标把初中的几何证明取消了,把几何的表达要素基本上取消了,把三次方公式、十字相乘法取消,那等于初中代数也没有学,所以初中的教材内容就很少。在学校里面没有让学生学,学生跑到外面学,这样就很花时间和精力。如果你能在学校给他学点儿就好了,他也不累,现在反而造成他负担很重。学生如果仅仅学学校教的很少的东西,那么确实也不行,这是一个大问题。总归教育搞成这样,还是有问题的。从20世纪80年代末以来,教育水平有所下降。本来1980年代左右还是可以的,现在应试高考的书太多了。

现在的问题就是给数学的负担太重,刚才讲初中教材内容少而空,高中教材的内容却是多而杂。比如,算法的东西不应该在数学里面,应该是计算机的内容,这个应该把它切掉,把这个切掉以后剩下的就少很多。现在学生学的确实比较多、比较杂,而数学本身应该学习的最基本的东西却不存在了。就像我们学生在学校里面需要把身体锻炼好,你不能让学生既要会踢足球,又要会打篮球,他各个项目可以自己去搞。我们可以教他们把身体基本素质锻炼好,提高基本的反应灵敏度,学一些基本的东西。数学要把自己的体系搞好,现在好多人不承认数学有一个体系,要把体系打掉,非要过度强调应用。数学主要是培养人的思维能力,当然学好数学需要的思维能力也是很强的。

3 单墫教授谈教育

访谈者:现在有不少的中学生会选择出国留学,大学生出国的人更是越来越多,留学生低龄化的现象越来越显著。对于这种现象,你怎么看?

单墫:可能一定程度上说明我们的教育出现了比较大的问题。你说现在学生负担重不重?我想绝对是重的。现在看小学生的书包你就知道重不重了,这是谁造成的?今天说要学书法,就讲书法课;明天要唱戏,就上唱戏的课;后天要学习踢足球,就要去踢球,学生怎么吃得消?教育就应该有一个标准。有人一干坏事,大家就会说"应试教育"不好,这种说法就很有问题。"应试教育"下面有一个标准,你有一个标准就好说话了,当然这个标准定得好不好那是另外一回事。但是我走了一个标准,大家朝这个标准努力去做就行了,就很简单、很明确,进而教学就是有目的地在进行。现在就是没有目标,你今年说钢琴重要就去弄钢琴,明年说可能要考美术就去弄美术,后年说还是考奥数就来学奥数,再一年又说学英语。这就是你目标不明确,朝令夕改。一个人的基本素质,要有数学,要有语文。学好这些就是素质教育,就包括了基本的素质在内,比如数学就包括了运算和推理的基本能力考核在内。我觉得在众多素质当中提取出最主要的几个素质,再加以考核就行了。你现在说学生负担重是"应试教育"造成的,实际上是你的考试目标定得不明确,甚至定得不对,是"指挥棒"有问题。

什么是考试?考试以前就是科举,科举是一个进步。因为以前的推荐、门第都不行,科举是竞聘的。第一,考试本身是对的,而且从科举至今一直如此考着,不但中国,许多其他国家也跟中国学了,英国、美国都跟中国学考试。那么就是说这个考试没有错,有些东西不需要改,改反而会把它改坏了。第二,考试内容基本是对的,从众多素质当中已经选出了最主要的素质。当然,你说有人是美术天才,天才是另外一回事,那是少数人,对大多数人来说这套考试是对的,不能乱动。现在还没有真正搞清楚,好的东西也要把它改掉,那怎么行呢,好的东西是不能改的。比如说一天吃三顿就蛮好了,你不能改成一天吃五顿或者八顿。有些不需要改的没必要改,如果早上喝牛奶,你说不喝牛奶喝豆浆,这种改也没多大意思。学习最好是要有兴趣,没有兴趣不行。陈省身先生也说数学好玩,你要是让学生觉得不好玩那就麻烦了。

访谈者: 现在数学学得好的学生也非常多,也有人在国内外的奥赛中取得了很好的成绩。以前有些人说奥赛不好,但其实现在很多一流的数学家也都是曾经在奥赛中获过奖的,比如陶哲轩。您觉得我们该怎么看待奥赛?

单墫: 有很多现在在代数、函数方向上都搞得不错的数学家也是奥赛出身,只是大家没有好好调查。有一批人确实搞得不错,但也有一些搞奥赛的并没有继续从事与数学相关的研究。关于美国大学生竞赛有一个调查,调查参加竞赛的这些人,将来如果是工程师或者以上那么就是人才。最后的调查结果是,人人都可以算作人才。那些得了奥赛金牌的学生基本都被北大、清华选走了。如果按照这个标准,那么奥赛获得奖牌的人就没有不是人才的了。这其实还是一个标准怎么样的问题。如果说得诺贝尔奖、得菲尔兹奖的才叫人才,没得的就不叫人才,那么全世界也没有几个能得诺贝尔奖和菲尔兹奖的,这个标准本身就不对。

现在是不是把很多事情搞得失衡了?很多培训机构做培训,其实也不是在做竞赛,只是打着竞赛的旗号,还有些学校将竞赛跟升学挂钩。奥赛本来是有兴趣的学生学一学,现在变成了功利性很强的事情,很多人看到其他人去学,他也去学,这是没有必要的。奥赛不应该是人人都参加的,但是现在这个问题出在什么地方呢?在于我们升学的标准不明确。大学更相信参加过竞赛拿奖的人,特别是重点大学。所有的大学都认为这样的学生好,才这样选。这说明我们高考本身的标准有一点问题。高考现在的题目也是越来越容易,虽然总分上去了,但是大学越来越不放心,总觉得你学得不一定好,觉得你不是我要的人才,他宁愿相信参加过竞赛的人,这就是高考和高校录取中的一个问题。同样,中考的题目更容易,这个更容易的结果导致了重点中学也不相信中考成绩。学校的信誉就是招牌,要有信誉,没有信誉就很麻烦,学校宁愿选择其他的方式,预先招一些人来。

访谈者: 您刚才也讲到,学生的负担越来越重,可能去做点儿自己感兴趣的事情的时间都很少有,他们也缺少读一本好书的时间。

单墫: 应该把时间腾出来给学生自己去玩,自己去看书,学会学习,让学生做感兴趣的事。

我一个朋友的女儿读中学,每天要学到晚上 11 点,他女儿成绩算是好的都要搞到 11 点。应该严格把学生的作业量控制在晚上 9 点以前结束,如果 9 点作业不能做完那么就有问题,就必须要减作业量。现在每科都有作业和考试,简直是瞎搞。还有一个很简单的方法,把学生的书包打开看看,你要减轻学生负担,去看看书包里有哪些书,那些不需要的书统统扔掉。教育部门一定要下决定,就是考的东西要少、作业要少,要严格地控制作业量。

我看的书不算多,我一个中学同学,因为跟图书馆老师认识,他整天在学校图书馆看书,看的书很多,尤其外国小说看得甚多。现在的中学生有时间的话也应该要看些书,尤其要看名著、原著。这些书能成为名著自有它的道理,很多好的思想在里面,都是经过时间淘汰后留下的金子。不像有些流行的东西,很快就会消失。真的应该多让孩子们有时间读读书,学学中国乃至世界宝贵的财富。

我们现在实际上很浮躁,对孩子的教育靠灌输,不是让他们自己去学习与思考。这样就把学习的兴趣和积极性扼杀了,学生不喜欢学习了,当然也就学不好了。现在虽然小学也会考到四大名著,学生都知道有这几本书,但他们很少看过原著。现在对学生最重要的是要学习什么,怎么才能真的学到东西,要培养孩子们独立思考的能力,这对学习才有意义。

参考文献:

[1] 单墫.解题研究(单墫解题研究丛书)[M].上海:上海教育出版社,2016.

[2] 单墫.解题漫谈(单墫解题研究丛书)[M].上海:上海教育出版社,2016.

[3] 单墫.我怎样解题(单墫解题研究丛书)[M].上海:上海教育出版社,2017.

[4] 单墫.数学竞赛研究教程(上下册)(单墫解题研究丛书)[M].上海:上海教育出版社,2018.

[5] 单墫,葛军.国际数学竞赛解题方法·数学竞赛史话(单墫解题研究丛书)[M].上海:上海教育出版社,2019.

[6] 单墫.单墫数学与教育文选(当代中国数学教育名家文选丛书)[M].上海:华东师范大学出版社,2021.

6 罗增儒教授访谈录: 数学教育的悠悠情结[①]

2020年,恰逢陕西师范大学罗增儒教授退休10周年。正如教授所说:"十年来'闲人多忙事',令我退休被'休退',一直滞留在杏坛敲敲边鼓,走了20多个省区,做了数百场报告,发表百余篇文章。走出去,才知道有跟踪书文几十年的老读者,又结识了数学教育的新青年教师。"这里有罗教授发在微信"朋友圈"的小诗为记:

> 十年休退眨眼间,忙事偏凑老来闲;
> 课讲西东南北地,程行冬夏秋春天。
> 方知铁粉跨世纪,又识新秀接前贤;
> 文章见笑曾百发,杏坛边鼓尚流连。

诗文体现了这位数学教育家的悠悠情结。

2020年1月,在罗教授75岁生日的当天,袁芹芹、尚向阳老师来到先生家里。一席寻常话,纵横几十年,不知不觉谈到了罗教授的数学教育往事,大家教学中的一些困惑,以及当前的热点话题"数学核心素养的课堂落实"。袁芹芹、尚向阳老师从罗教授那里收益良多,特此整理为访谈录,与同行分享。

1 数学教育的缘分

社会上曾经流传"从矿山工人到中学教师,再到大学教授、博士导师的罗增儒道路",而罗教授却说自己从事数学教育是"半路出家","至今仍一知半解"。

不过,罗教授坦承:"自己与数学教育确实有缘分,每当人生的关键时刻总有一种力量引导我走向数学,深入数学教育。"他还说过:"从五岁孩童开始当学生'被数学教学',到古稀之年'还进行数学教学',我人生最浓重而清晰的主线

[①] 袁芹芹,尚向阳.数学教育的悠悠情结——罗增儒教授访谈二三事[J].中学数学教学参考,2020(19): 5-8;2020(22): 8-10,25.

'非数学教学莫属'。"

1.1 数学教育缘分的故事

故事 1：国家还面临经济困难的 1962 年,全国高校招生 10 万。罗教授高考填报志愿的专业顺序为：物理专业(上海交通大学)、化学专业(华南工学院——现在的华南理工大学)和数学专业(中山大学)。在交志愿表的前一天,罗教授遇见一位中学学长,在谈及高考志愿时,学长指出填报的顺序不对,如果华南工学院录不上,中山大学就更录不上了。于是临时贴纸条,交换了第二、第三志愿,从而考上中山大学数学力学系数学专业(五年制)。罗教授说："可能是上天派学长来启示我学数学,日后从事数学教育,否则,我肯定是学化学了。"

故事 2：由于下连队"当兵"、下乡搞"四清"运动等,罗教授既没有修完全部大学的课程,也没有在 1967 年按时毕业。1968 年罗教授被分配到陕西耀县水泥厂,具体工作是在矿山开采石灰石,一干就是 10 年。1978 年罗教授被调到了子弟学校,开始从事数学教学。

故事 3：罗教授说："'位卑未敢忘忧国',当我回到数学岗位的时候,内心有一个坚定的信念,那就是追回消逝的岁月,我夜以继日地做了 5 件工作。"

这 5 件工作是：

(1) 反复阅读教材(从省编教材到统编教材),逐一推敲每一个概念的本质含义,理解各章节间的纵横联系。

(2) 独立演算各册教材的例题、习题,并反思解题过程。

(3) 系统演算历年高考试题和国内外数学竞赛题(教材题做完了,接着做高考题和竞赛题)。

(4) 将数学教学的全过程设计为 6 张教学表,并严格执行。(这 6 张教学表给访谈者留有深刻的印象,它们分别是教学日进表、全章安排表、课堂安排表、全章小结表、试题分析表、习题处理表。其中,"教学日进表"在假期就排好了下一学期的 120 节课;"全章安排表"有"知识系统图",相当于现在说的思维概念图;"课堂安排表"背后有 15—18 页详细讲稿,上课可以不带,课前不能不写,上完课后加以整理就是一篇文章,因而罗教授能给全国数学刊物一周投一篇文稿,进行地毯式覆盖。)

(5) 订阅了自己所知道的中学数学报刊,认真学习后,将文章的摘要做成小卡片,广泛吸收全国同行的教学经验、数学认识。(对罗教授来说,订阅的报刊既是学习数学教学的"课堂",也是发表教研文章的"园地")

罗教授说:"两三年的时间,我很快就适应了各个年级的教学工作,实现了从矿山职工到数学教师的角色转换。从教两年后(1980年)开始发表文章,后来还做到一年能有十几篇乃至几十篇文章发表(文章覆盖了所订阅的几十家报刊,体现了教学与教研的兼顾)。诸如解题坐标系的构想、数学观点的教学认识等,都萌芽于这段时间。我的文章来源于教案编写、课堂感受、作业记录,来源于对刊物的学习、消化和思考,它们得以发表不是源于我的写作水平而是出于对我的鼓励,是几十家刊物鼓励作者继续深入进行数学教研。这可以理解为数学教育的缘分。"

故事4:访谈者很好奇,罗教授要上课、要学习、还要写文章,时间从哪里来?罗教授说:"解决'负担重、时间缺'的问题,主要应该抓好两条原则:第一,把教学与研究结合起来;第二,科学安排时间。如果你认识到教学本身就是一个创造的天地,就是一个研究的课题,就是一个写作的园地,那么,每篇教案你都可以作为小论文来写作,每本作业你都可以作为原始数据来处理,你就能钻研教材,不忘为课程论做出贡献,上课也就变成了你展示讲授艺术的舞台,一个个教学任务就变成了教师成熟、成才的一级级阶梯。"对于罗教授而言,备课是写作,改作业是研究,教案是文章。

罗教授说:"利用零碎时间积累素材和卡片,利用周末备好一周的课,利用一个晚上写1000余字的短文,利用假期写长文,这就是我教中学所积累的一点经验。"

罗教授建议"缺时间"的同行可以写上两周"工作记录"小纸条,每半小时记一次自己做了什么,然后回过头来分析"记录"小纸条就会发现,有的时间是白白浪费的,有的消耗是可以避免的,有些安排是可以合并的……总之,一天写上1000余字的时间是有的。

罗教授强调,时间对于每一个人都是常数,教师的研究工作做得越深入,业务水平越高,备课的效率就越高,教学效果就越好,从而腾出来的时间就越多,这是一个良性循环。记得他教中学最忙的时候,既带高一、高二(高中两年制)、补习班,又兼电视大学的辅导员,一年下来还有十几篇甚至几十篇文章发表。这说明,困难是真实的,但不能把我们压垮。

罗教授说:"我在中学教学 8 年后,又被调到陕西师范大学。虽然工作的性质有了一些变化,但与中学数学已经结下了不解之缘。我在陕西师范大学的工作就是研究中学数学,并教学生毕业之后怎样去教中学数学。"

1.2 初为人师的经验体会

罗教授由矿山职工(1968 年)转身为数学教师(1978 年),由中学教师成长为大学教授(1996 年)、博士生导师(2001 年),罗教授的成长经历是值得每一位教师学习的。

罗教授强调的是"勤奋＋得法",访谈中他谈了初为人师的五点体会,可供大家参考:

(1) 从扎实基本功做起(如钻研教材和练习,钻研教案和板书等)。

(2) 攀登学科与教学的两个专业制高点(如钻研高考题和竞赛题,钻研教学艺术等)。

(3) 争取教学与研究的双重跨越(如将教学与研究结合起来,勤于写作等)。

(4) 向全国名师学习。罗教授回忆说:"因为我没有时间像大学刚毕业的青年教师那样从容地熟悉讲台,所以,我必须一开始就像'刊物上的老师'那样当老师、教数学。这些'刊物上的老师'也就成了我初为人师时模仿的对象和努力的目标。"

(5) 订阅专业报刊,并开放性学习:边阅读、边钻研、边写作。

罗教授建议教师从"五点体会"起步,关键是要努力去做,不等待、不抱怨,享受工作、永不言胜! 只要教师做教育的有心人,刻苦努力,坚持奋进,静心教书,潜心育人,爱岗敬业,扎实奉献,定能收获满满,成为优秀的人民教师——这是访谈者的心愿,也是罗教授的祝福。

2 教学案例的交流

访谈者与罗教授交谈时提起了日常教学中的许多问题(尤其是困惑和热点),其中就涉及如下两个问题:如何看待没有"瑕疵"的公开课? 为什么学生上课听懂了考试不会做题?

2.1 公开课没有"瑕疵"本身也是一种"毛病"

访谈谈到新课改以来的一种新气象,就是公开课、示范课、"同课异构"遍地开花,它对于教研和教师发展都有积极的促进作用,但是也出现了一种倾向,就是"表演性"越来越强:花上一两周时间进行反复打磨,教研室成员共同参与,用多媒体华丽包装,借班上课,等等。听这样的课你找不出什么"瑕疵",但总觉得不够真实、不切实际、"中看不中用"。对此,罗教授谈了以下三点看法。

(1) 教学有表演性但不是演戏。首先,我们应该承认教学艺术的表演性,教师也应像演员一样,通过知识内容、语言动作、姿态情感等去获得教学效果,这种表演是受时空限制的,呈现出即时性的特征。这种即时性使得教学情境瞬息万变而又多姿多彩,也使得很多教师每节课下来都不无遗憾,我们曾经断言:"教学的艺术是一种遗憾的艺术。"其次,教学艺术的表演性将协调运用语言、教具、动作与表情,并借鉴音乐、绘画、诗歌、演讲等技巧,表现出教学语言符号的音乐美,教学图像信息的图画美,教师仪表姿势的教养美,课堂教学组织的条理美,处理突发事件的奇异美,等等。当中,"语言的艺术""幽默的艺术""悬念的艺术"以及教学中的"点拨与启发"等,每一个话题都足以写成一本畅销书。

但是,教学艺术的表演性不同于演戏。当教师创设一个情境、引发认知冲突、提出相应问题时,教师是知道答案的,却又以不知道答案的口吻提问:"对于这个问题,我们怎么办呢?"其目的是调动学生的思维,并表达我们一起来解决的意愿,这里的"调动思维"和"表达意愿"都是真实的。相反,若公开课只是"背诵台词",甚至提前安排学生给出正确或错误的发言,然后圆满解决,那是演戏而不是教学。教学艺术的表演性与演戏的主要区别在于前者真实,在于切合真实的课堂,在于学生获得真实的提高。"借班上课"是半真实半演戏,表演多于上课,"被借来的学生"很大程度上是在配合教师,而"未被借到的学生"则常常留有消极的感受,应尽量避免"借班上课",并保持原有的进度。至于调动全教研室的教师共同参与,以及反复打磨、技术包装等,则应具体分析,区别对待。有些课只能算"半真半假","真"是指确实在上课,确实有认真的态度和共同提高的积极意义,也有体现"最高水平"的样板价值。"假"是指其并非常态课,也并非授课教师的真实表现,平常教学中很难做到"备一节课花上一两周的时间",能够肯定的主要是认真的精神。

(2) "没有看出来"不等于"没有"。经过长时间集体打磨的公开课、示范课,教师任性随意的低级错误会被提前避免,这是肯定的。但是,体现全教研室教师"最高水平"的课并不等于是十全十美的课(十全十美的课存在吗？这里借用一句广告词"没有最好,只有更好"),没有看出"毛病"不等于没有"毛病"。这些年我听过几百节课,有教育部的"东芝杯"大学生比赛课,有高中、初中、小学的"同课异构"课,有高级、特级、正高级的名师创新课,还有技巧高手的解题比赛课,确实特色突出,让人收获满满,但是并非无话可说,细节上的充实自不待言(可参见我在《中学数学教学参考》刊发的评课文章),宏观结构上的改进也有事可做,说两个情况。

情况1：在课堂上,我们常常看到这样一种典型的教学方式。首先创设问题情境激发学生的学习兴趣,引出本节课课题。然后,把提出的问题暂时搁下,重新对学生进行启发引导,直到概括形成新知识(概念、定理、法则等),并做了解题过程的示范之后,才让学生作为"前后照应"解决开课提出的问题。这种教学,教师注重"创设问题情境"值得肯定,当提出的问题难度较大时,学生无从下手,教师可"先退后进",重新对学生进行启发引导。然而,并非所有问题学生都无从下手,对于一部分课题(并非全部)教师不妨将解决问题的任务直接交给学生(问题驱动教学),让他们面对新情境、新挑战,探索交流,在问题解决的过程中,概括提炼出概念、定理、法则。千篇一律地默认"学生只有接受了新知识之后,才能解决相应问题"的做法,是没有给学生独立思考和真实探索的机会,也没有真正引发学生的认知冲突,学生进行的主要是操作性的常规训练,它的一个可能后果是：学生面对新问题时只会等待或逃避。

情况2：我们看到,注重"创设现实情境"已经成为教学常态。比如,高中教学中,由"猜价格"情境引出"二分法",由"立旗杆"情境引出线面垂直的概念和判定定理;初中教学中,由"高速路"情境引出直线概念和直线公理(两点决定一条直线)。但是,怎样由"猜价格"提炼出函数及其在解方程中的应用,怎样由"立旗杆"概括出"直线与平面内的任意一条直线都垂直",却缺少具体的过程;还有,呈现了一个"高速路"的画面就立即得出一条"直线"。这些表现都缺少一个"去情境化",也就是"数学化"的关键步骤。弗赖登塔尔说过："与其说学习数学,不如说学习数学化。"

但是,"猜价格"里有函数吗？"立旗杆"里有"直线与平面内的任意一条直线都垂直"吗？我说,有！只是教师没有去做提炼工作。一条高速路,当你着眼于距离时能提炼出线段,当你着眼于笔直延伸,从而将高速路置于高空看地面的"地图"上时,高速路收缩为一条线,没有宽度,很直很直,就可以被提炼为直线;当你着眼于面积时,高速路能提炼出矩形(站在高速路上也更容易感受到矩形);当你着眼于用料时,高速路能提炼出长方体。我们说,生活的世界有自身不可克服的局限,它不可能给我们提供太多的理性承诺,学校教育恰恰应该着眼于社会生活中无法获得而必须经由学校教育才能获得的经验。情境还不是数学,没有提炼的过程,学生获得的可能不是数学,或者是硬塞给他们的数学,也可能是借学生的"嘴"代替教师的"灌"。

在数学教学生活化取向、活动化取向的大潮中,教师的数学化能力凸现,这是一个创作、创造和创新的过程,数学教师要有"先情境化再去情境化"的自觉意识,数学教学要有"数学化"的专业能力。

(3) 课没有"瑕疵"本身也是一种"毛病"。确实有这样的课堂,从创设情境开始,教学有问题驱动、有师生互动,有条理而顺利地展开;完整的教学环节紧凑而流畅、转换也自然;教师的讲授滴水不漏,学生的发言完全正确,师生活动的最后一句小结"话音刚落",下课的铃声精准响起,会场上也跟进有自发的掌声,这就是"没有'瑕疵'的课"。我深入到学生中的课堂观察表明,这些"没有瑕疵的课",有的是严密的设计掩盖着更深层次的问题(一串串的问题都是教师提的,学生没有提出任何问题),有的是流畅的过程限制了师生的思维暴露(或者说"以教定学"代替"以学定教","预设"重于"生成"),有的是优等生的发言代替了全班的真实声音(通过座位巡视能看到部分学生的不正确或不严密)。所以,"没有瑕疵"其实是没有低级错误(诸如"2+3=6"之类)或看不出毛病(水平不够)。

2.2 为什么学生上课听懂了考试不会做题

访谈者还与罗教授谈到了一个困惑一线教师多年的教学现象,就是学生上课听懂了,可做作业有困难、考试不会做题,特别是一些基础在中下水平的学生。

罗教授认为这种现象由来已久,原因可能是多方面的(涉及教,也涉及学),应该做实证研究,综合治理,但作为教师,主要应从教的方面反思。他做了一个开车的比喻,说学生在课堂上听懂了就相当于使用导航开车,从起点到终点步步都有正确路线的指导,每到十字路口都有左拐、右拐或直行的提示,所以能很顺利地到达终点。而回家做作业,虽然线路和终点差异不是很大,但是由自己独立开车,没有导航,走直路可能问题不大,到十字路口可就有判断"左拐、右拐或直行"的困难了。到了考试,困难就更大了,不但没有导航,而且线路和终点全都要自己选择,就出现有些学生"考试不会做题"的情形了。因此,解决问题的办法之一是:平时就要锻炼"无导航开车",提高数学素养。罗教授具体分析了以下两种情况。

情况 1:有这样的教学方式,教师创设问题情境,板书本节课题,学生很明确这节课要学什么概念、学什么定理。然后,一个个大标题、小标题地展开探究。虽然各个环节都有师生互动,学生活动,但这些"动"都有"本节课题"的明确范围、都有"大小标题"的具体提示,解决问题需要用到哪些概念、需要提取哪些定理、需要进行哪些运算,学生比较容易想到(必要时还有教师启发),所以感觉本节课的内容都听懂了。在这里,"课题"的明确范围、"标题"的具体提示,以及教师的问题设计和有效启发等就是"导航"。到了考试,解题需要用到哪些概念、哪些定理、哪些运算,既没有提示也没有范围,就是"无导航开车",困难就来了。可以看一个简单的例子,即勾股定理的教学。教师请学生测量两块直角三角板的三边长度,并将各边的长度填入表 1。(比如,三边长分别为 3,4,5 与 5,12,13)

表 1 测量直角三角板的三边长度

三角板	直角边 a	直角边 b	斜边 c	关系
1				
2				

根据已经得到的数据,请猜想三边的长度 a,b,c 之间的关系。

这里说的"关系"应该是"等量关系"(否则由 $3+4>5,5+12>13$,猜想 $a+b>c$ 就是一个现成的答案了),至少会有两个开放性的探究:首先探究 3 个具体数字之间的等量关系;然后由 3 个具体数字的等量关系归纳出 3 个抽象字母的等量关系。如果不是预知答案,让学生独立想到找平方关系是不容易的。如果有学生想到将边长平方,那么,由 3^2 也可能会看成"$3^2=4+5$"而不只是看到"$3^2+4^2=5^2$"(前者运算比后者简单);也可能会由 5^2 看到 $5^2=12+13$,而较难看到 $5^2+12^2=13^2$,从而猜想 $a^2=b+c$(这对无数个满足 $c-b=1$ 的直角三角形都成立);还可能有学生由 3^2 得到 $3^2=2\times4+1$(或 $3^2=2\times5-1$),由 5^2 得到 $5^2=2\times12+1$(或 $5^2=2\times13-1$),从而猜想 $a^2=2b+1$(或 $a^2=2c-1$)。

然而,课堂上风平浪静,没有出现 $a^2=b+c$ 或 $a^2=2b+1$ 等情况,学生确实一找就找到了 $3^2+4^2=5^2, 5^2+12^2=13^2$,从而获得 $a^2+b^2=c^2$,教学非常顺利,其他学生经过验证,确实 3^2+4^2 等于 $5^2, 5^2+12^2$ 等于 13^2,听课确实听懂了。其实,学生"找到"的背后有"导航":可能有的学生在课外辅导班学过,有的学生在课前预习了,有的学生临时翻书找出了定理;而"听课确实听懂了"的背后是"被导航",是借学生的"嘴"代替教师的"灌",被动接受和简单模仿的状况没有实质性的改变。所以,若考试考查学生的真实素养,学生的关键能力的缺失就暴露了。

当然,教案肯定是按"课题—大标题—小标题"的格式编写的,但课堂实施应该也必须灵活,可以有教案不曾预设的生成,也可以先有活动,然后才有作为活动结果而"画龙点睛"的"标题",让教学也经历"无导航"开车,把"有导航"教学与"无导航"教学结合起来。

情况 2:有这样的解题教学,教师说由于某个概念,所以有某个结论,学生表示认可;教师又说因为某个定理,所以还有某个结论,学生又表示认可……最后得出了完全正确的答案,学生也表示听懂了,这就是"有导航"的解题教学。确实,教师每一句话都没有科学性错误,整体结构也推理严密,但是只讲了题目"这样解",只帮助学生获得了"答案"(如果答案为0,你的收获就是0吗?),缺乏对解题方向的思路分析和解题思想的本质提炼,叫做讲"推理"而不讲"道理"(从这一意义上说"数学教师不讲道理"了)。

罗教授还举了自身的例子进行说明,初当教师时曾经理直气壮地给学生讲"全等法"解题:"因为两个三角形全等,所以对应边相等",说完之后就后悔了,就觉得"数学教师不讲道理"了。其实,两个三角形全等,可以推出对应边、对应角、对应周长、对应面积等对应元素相等,不讲清楚为什么选择"对应边相等"就是"讲推理而不讲道理"。(关于"数学解题"请参阅罗增儒教授的著作《数学解题学引论》)

3 数学核心素养的课堂落实

2018年1月,《普通高中数学课程标准(2017年版)》(简称《课标(2017年版)》)正式颁布,这次课标修订的突出亮点就是将学科核心素养纳入其中。目前,一线教师对于"如何在课堂上落实数学核心素养"感到困惑。

罗教授认为,数学核心素养的教学不是凭空而来的,它是中国数学教学从"知识教学"到"知能教学"、到"知能情教学"、到"数学思想教学"、再到"数学素养教学"几十年历史发展的结果;数学核心素养的教学也不是脱离知识内容的空喊,它是中国数学教育"在良好的数学基础上谋求学生的数学发展"优良传统的现代发扬,数学学习完全可以通过对基础知识的掌握、数学活动经验的积累,感悟"体现知识内容本质"的基本数学思想,认识"数学思想"里的"DNA"——数学学科核心素养,并与立德树人沟通。

罗教授谈到,基于数学核心素养的教学,要求教师把握内容的数学本质,创设合适的教学情境,提出相关的数学问题,引发学生的认知冲突,组织互动探究或主题(单元)站位的教学活动,形成"数学化"的深度学习。让学生在掌握知识技能的同时,积累数学活动经验,感悟数学思想方法,发展具有数学基本特征的思维品质、关键能力和价值观念。

罗教授对数学核心素养的课堂落实谈了三点看法,是他学习《课标(2017年版)》、学习课程专家(史宁中、王尚志、马云鹏、崔允漷等)的文章的心得体会。

3.1 理解课标,明确方向,以发展数学核心素养为教学目标

罗教授认为,教师是培养数学核心素养的主体,课堂教学是培养数学核心素养的主渠道,如何将数学核心素养的教学融入课堂、并最终落实到学生身上?教师首先要吃透《课标(2017年版)》,吃透《课标(2017年版)》的"实施建议",包括教学与评价建议、学业水平考试与高考命题建议等。同时,教师要对《课标(2017年版)》的各个建议进行更细致的文字解读、更具体的课堂操作,拿出实证的鲜活成果来。罗教授还结合"教学目标"谈了以下两点看法。

(1) 本次普通高中课程标准修订的一个重大突破,是在整合与提升"三维目标"的基础上,凝练了学科核心素养(另一个重大突破是对核心素养进行了水平划分)。这不仅解决了"三维目标"的割裂问题,而且实现了课程目标的科学化与具体化,体现了课程改革的时代性和国际视野,落实了中国教育"立德树人"的根本任务。这是从"知识本位"到"素养本位"的重大转变(2019年高考有转变的体现)。

《课标(2017年版)》"教学建议"指出:数学学科核心素养是数学课程目标的集中体现,是在数学学习的过程中逐步形成的。教师在制订教学目标时:

① 要充分关注数学学科核心素养的达成；

② 要深入理解数学学科核心素养的内涵、价值、表现水平及其相互联系；

③ 要结合特定教学任务，思考相应数学学科核心素养在教学中的孕育点、生长点；

④ 要注意数学学科核心素养与具体教学内容的关联；

⑤ 要关注数学学科核心素养目标在教学中的可实现性，研究其融入教学内容和教学过程的具体方式及载体，在此基础上确定教学目标。

课标的这段话不仅强调了素养教学的大方向，而且具体指出了实现素养教学的关键要点。我们必须领会课标精神，紧紧抓住发展数学核心素养的教学目标。须知，发展数学核心素养是我们进行数学教学的出发点和归宿。

(2) 21世纪新课改以来，教师写课堂教学目标大多是按照课程"三维目标"做二级分类来表述的：第一，"知识与技能"①②③……；第二，"过程与方法"①②③……；第三，"情感、态度与价值观"①②③……。但在实际操作中不少教师存在困惑，并出现"目标虚化"的情况。首先，只有"知识与技能"可以说得比较清楚(是真正落实)，"过程与方法"常常有困难(是努力落实)，而"情感、态度与价值观"困难就更大了(常常停留在口头上)；其次，"有的内容不知道归入三维目标的哪一维"或"并不专属于哪一维"；最后，课堂目标与课程目标分不清，常常把本节课必须——落实的、效果表现为学生可见可测的具体目标，写成原则指导性的、需要长期努力才能落实的宏观目标。(罗教授在研课中问教师是如何逐一落实"你的课堂教学目标"时，有的教师说"那只是写给人家看的"。)

现在就不用把"三维目标"割裂开了，可以直接依据课程标准的要求分析教材内容、凝练数学内容的本质思想，提炼学生可以达成的、3—5条素养教学的具体目标。在书写每一条教学目标时都可以贯通三维、一气呵成，让学生明白"从哪里来、到哪里去、怎么去、到达没有"；可以说通过哪些情境或活动，进行哪些数学知识的探究，获得哪些数学思想方法的感悟，体验哪些情感态度的熏陶，从而提升哪些数学核心素养。于是，每一条目标都可以体现素养源于数学学科知识又超越学科知识，都可以体现知识是培养数学素养的载体、活动是培养数学素养的渠道。数学素养是学生在学习数学课程的过程中所形成的、对数学本质的深刻认识和深度把握(不只是知识懂了、技能会了、刷题得出答案了，而是要学生自己悟出道理、规律和思考方法等)，它能够引领学生将习得的数学知识和技能应用到日常生活中去，帮助学生用数学的眼光发现和提出问题、用数学的思维分析和解决问题、用数学的语言表达和交流问题。这是从"数学知识"（载体）到"数学思想"（桥梁）再到"数学素养"（目标）的逐层深入和逐级提升。打个"粗糙"的比喻，"数学知识"如同一块铁矿石（看得见、摸得着），"数学思想"是隐藏在矿石里的铁（要加以提炼才能得到），而"数学素养"则是组成铁的元素和结构。还可以做一个比喻，掌握"数学知识"就是开垦出土地，揭示出数学知识背后的"数学思想"就是在土地上耕种，感悟数学思想里的（DNA）"数学素养"就是在土地上耕种获得丰收。"知识指向"的教学，就是只关注"开垦"，把"耕种"和"收获"留给学生去"自发领悟"，于是有的学生"领悟"了（甚至成为数学家），有的学生"领悟"不了（甚至留下学习数学的消极体验）。现在提倡"素养指向"的教学，就是要自觉经历"开垦、耕种、收获"的全程。

所以，课程目标贯彻核心素养的新形势，对教师提出了更高的要求，教学不能只停留在"传授双基、培养能力"上（但是并非放弃"沃土"和"载体"），也不能满足于"从知识内容及其所使用的方法"中提炼数学思想（需要深化，"数学思想"是由数学知识"载体"通往数学素养目标的"桥梁"），还要找出数学思想方法里的"DNA"——数学核心素养，并与立德树人沟通。学校教学要发展学生的通识核心素养，数学教学要发展学生的学科核心素养，这个观念必须树立，这个目标必须明确。

3.2 与时俱进，将数学思想方法教学深入到素养层面

新课改所倡导的教学理念经过十几年的贯彻，已经与数学学科特征有机结合，已经与数学教育的中国道路相互作用，促成中国数学教育进入"数学思想教学"的阶段，主要有 4 个关键词：数学现实、数学化、再创造、师生互动。即以问题情境（数学现实）作为课堂教学的平台，以"数学化"作为课堂教学的目标，以学生通过自己努力得到结论（或发现）作为课堂教学内容的重要构成（获得"四基"，发展"四能"），以"师生互动"作为课堂学习的基本方式（以教师为主导，以学生为主体）。现在的问题是与时俱进，提升核心素养的站位——生成 6 个数学核心素养。怎么发展核心素养？罗教授强调了三点。

3.2.1 指向数学核心素养的教学既要重视教，更要重视学，促进学生学会学习

指向数学核心素养的课程实施，将带来教学方式的根本转变。它要求教师

将教学活动的重心放在促进学生学会学习上,积极探索有利于促进学生学习的多样化教学方式,不仅限于讲授与练习,还包括引导学生阅读自学、独立思考、动手实践、自主探索、合作交流等。

促进学生学会学习,要求教师加强学习方法的指导,帮助学生养成良好的数学学习习惯,敢于质疑、善于思考、理解概念、把握本质,数形结合、明晰算理,形成优化的认知结构。要努力体现"三个转变":

(1) 由"抽象知识"转向"具体情境",营造学习情境的真实性。

(2) 由"知识中心"转向"素养中心",培养学生形成高于学科知识的学科核心素养。

(3) 由"教师中心"转向"学生中心",促进学生主动学习和合作学习的意识与能力。

教师要以学生学习为主线,关注学生的问题生成、实践操作、思维转化、问题解决的全过程,指导并促进他们由浅入深、由表及里进行学习探索,进而形成独立思考、实践和学习的能力,但并不是做"甩手掌柜",放手让学生自学。

核心素养的培养更多地依靠学生自身在实践活动中的摸索、积累和体悟。因为学科知识只是形成学科素养的载体,学科活动才是形成学科素养的渠道。所以,教师要将核心素养目标融合到教学设计中,通过科学合理的数学教学活动,让学生在数学学习中实现自我发展、自我超越、自我升华,培养学生的逻辑思维,发展学生的理性精神,让学生的核心素养得到自主发展。

3.2.2 基于情境,问题导向,经历"数学化"的提炼过程,促进数学核心素养的发展

《课标(2017年版)》指出:基于数学学科核心素养的教学活动应该把握数学的本质,创设合适的教学情境、提出合适的数学问题,引发学生思考与交流,形成和发展数学学科核心素养。

(1) 指向数学核心素养的教学要求教师将数学的"学术形态"转化为"教育形态",将"教材内容"转化为"教学内容",给数学加上"温度"和"情感";要根据知识的本质先将其情境化,再让学生经历"数学化"(也就是"去情境化")的过程,感悟知识的思想实质和核心要素;要将知识内容结构化,帮助学生理解、记忆和迁移,形成优化的认知结构。

应该看到,创设问题情境是引发认知冲突、展开深度探究活动、进行数学化

的基本平台(数学建模活动与数学探究活动是综合提升数学学科核心素养的载体)。核心素养是在特定情境中表现出来的知识、能力和态度。只有通过合适的情境才有利于学生感悟、理解、形成和发展核心素养,只有通过精心设计的问题才能启发学生思考数学内容的本质。因此,在数学教学活动中,教师应结合教学任务及其蕴含的数学核心素养,设计合适的情境与问题,组织学生与情境、问题的有效互动,引导学生用数学的眼光观察现象、发现问题,引导学生用数学的语言描述背景、表述问题,引导学生用数学的思维分析问题、解决问题。在问题解决的过程中,促使学生理解数学内容的本质,促进学生的数学核心素养的形成和发展。

(2) 数学是在发现、提出、分析、解决问题的过程中产生和发展的,数学核心素养是在学习过程、应用过程、创新过程中逐步提升和达成的。创设合适的情境(包括实际情境、科学情境、数学情境),让学生身临问题环境,尽量感悟提出问题、解决问题的真实过程,这是提升数学核心素养的有效途径。

设计合适的教学情境、提出合适的数学问题是有挑战性的,它为教师的实践创新提供了平台。教师应不断学习、探索、研究、实践,提升自身的数学素养,了解数学知识之间、数学与生活、数学与其他学科的联系,开发出符合学生认知规律、有助于提升学生数学学科核心素养的教学模式和优秀案例。

3.2.3 有效参与,深度探究,引发认知冲突,暴露数学思维的真实过程,聚焦数学核心素养

指向核心素养的学习需要引发认知冲突,暴露数学思维过程,组织学生有效地参与(行为参与、思维参与、情感参与),进行深度的探究。深度探究是培养数学核心素养的关键环节。

认知冲突指的是当个体意识到个人认知结构与环境或是个人认知结构内部不同成分之间的不一致所形成的状态。可以分为两种类型:主体内认知冲突和主体间认知冲突。当新的认知经验与学生已有的认知系统无法包容并产生矛盾的时候,就产生了主体内的认知冲突;当学生与其他学生或者教师之间有了不一致的认知,这些不一致的认知对学生产生了一定压力,促使其调整观点,以建立新的平衡时就出现了主体间的冲突。在课堂教学中,引发学生的认知冲突对学生发展核心素养有着重要的意义,它不仅可以引发学生积极的思考,激发其内在动机和探究欲望、发展其思维能力,还能促进学生深入地理解学

习内容的本质。教师可以通过设计问题情境,激发学生的学习兴趣,引发学生的思考与深度探究;教师可以帮助学生充分展示自己的想法、尝试去理解或质疑别人的想法,产生思维的碰撞来促成有效参与和深度学习。

3.3 主题教学是培养数学核心素养的有效途径

基于核心素养的数学教学首先要理解数学,充分把握数学内容的本质。但数学本质,很难通过一节课或一个知识点就能表述清楚。这就需要改变教学设计的思路,从一个个知识点或一个个课时的教学中跳出来,从更大范围、站在更高位置、用更一般思想进行整体教学设计,即实施主题教学(或单元教学)。

这里说的主题(或单元)不是知识或内容单位,而是学习单位。实践中可以把一章内容作为主题,也可以选择跨章节的主题进行整体教学设计和教学实施,还可以把一章的内容分解为几个小主题。以知识点为站位,看到的目标只是了解、理解、记忆;以单元为站位,有助于学生抓住本质,看到学科育人的关键能力、必备品格与价值观念。因此,指向学科核心素养的教学需要提升教师的教学设计站位,立足单元,上接学科核心素养,下连知识点的目标与要求。

例如,数列是一章内容,可看作一个主题,包括数列的概念、等差数列、等比数列、数列的应用等,可以进行整体的教学设计,统一实施教学。又如,距离问题就是一个跨章节的主题,立体几何涉及距离,解析几何、向量几何也会涉及距离,将所有距离问题及其应用作为一个主题,就比较容易感悟"最短"的含义,从而揭示距离的本质;垂直是体现"最短"的概念,当把所有解决距离问题的方法放在一起,通过比较就可以分析出求解距离问题的通性通法。"高考复习课"是进行"主题教学"的极好机会。

主题教学将教学内容置于整体内容中去设计,更多地关注了学习内容的本质,是基于学生核心素养培养的教学设计模式,有利于改变教师过分关注具体知识点的倾向,对于拓展教师的教学视野及提高教学效率有重要的意义。可以认为,主题教学是撬动基于核心素养课堂转型的一个很好的支点。

4 结束语

罗教授的故事是一本励志的书,打开会催人奋进,合上能发人深思。有限的访谈虽然结束了,但是数学教育的永恒话题和无限探索还在继续。访谈者的心头萦绕着比访谈前更多的关于数学教育的思考,访谈者的眼前闪现着更宽广的教师发展大道。

参考文献:

［1］罗增儒.数学解题学引论[M].西安:陕西师范大学出版社,1997.

［2］罗增儒.数学竞赛导论[M].西安:陕西师范大学出版社,2000.

［3］罗增儒.中学数学课例分析[M].西安:陕西师范大学出版社,2001.

［4］中华人民共和国教育部.普通高中数学课程标准(2017年版)[M].北京:人民教育出版社,2018.

7 郑毓信教授访谈录：中国数学教育需要哲学①

1 引言

数学教育的理论与实践已成为一项公认的国际共同事业，越来越受到人们的关注。因为这项事业不仅与数学教育研究者、数学教研员、数学教师、中小学生直接相关，还对科学技术的进步和社会的发展有深远的影响。数学教育是如此重要，世界上主要国家和地区都在为搞好自己的数学教育事业而努力。中国（包括港、澳、台地区）有自己优良的数学教育传统，又重视学习国外数学教育，中国拥有世界上最完备的国家、省、市、县、校各级数学教研体系，从学术组织来看，中国教育学会和中国数学会都有从事数学教育工作的专门组织。中国数学工作者、教育工作者发挥各自所长，为中国数学教育事业贡献自己的智慧，中国的数学教育事业取得了众多举世瞩目的成就。

为进一步促进数学教育事业的发展，江苏省数学会成立了数学教育专业委员会，更进一步说明了本就是中国数学教育从业者群体之一的数学家们越来越关心数学教育。2020 年 12 月，江苏省第二届数学教育学术研讨会在南京召开。南京大学哲学系郑毓信教授在会上作了"哲学视野下的中国数学教育"的报告，这是 3 个大会报告之一。郑毓信教授具有数学专业背景和 13 年中学数学从教经历，走上了数学教育哲学之路，并初步创立了中国特色的数学教育哲学理论框架。郑毓信教授不把数学教育哲学看作纯粹的书斋内的闭门活动，而是主张把数学教育哲学理论与数学教育实践活动结合。郑毓信教授的报告并不希望给我们提供中国数学教育遇到的问题的一个个明确的答案，而是向我们提出一个个问题，引起我们对中国数学教育问题更深入的思考。数学教育哲学的功能不是直接解决一个个具体的数学教育问题，而是为人们提供深入思考这些问题

---

① 访谈稿由长沙师范学院陈飞老师采写。

的方法。

时至今日,数学教育哲学已经成为一个专门的研究领域。1973年荷兰著名数学教育家弗赖登塔尔(Hans Freudenthal,1905—1990)就曾给自己的著作《作为教育任务的数学》(1995年上海教育出版社出版了中译本)[1],做了这样的定位:"它是一本数学教育哲学的书","真正的教育活动意味着遵循自己的真诚信念去探索正确的教育途径,而教育科学首先应该是对这种真诚信念的合理性作出论证,你可以把它称为哲学",并强调"我不是第一个写这类书籍的人"。到了20世纪90年代,数学教育哲学快速发展。1991年,英国数学教育家欧内斯特(Paul Ernest)出版了《数学教育哲学》一书,这是公认的世界上第一本数学教育哲学专著。欧内斯特组织建立了国际数学教育哲学研究团体(POME),并发行《数学教育哲学杂志》(已出版36期),标志着数学教育哲学作为一个研究领域建立起来了。在1992年加拿大魁北克举行的第七届国际数学教育大会(ICME-7)上,数学教育哲学开始作为大会的一个专门研究主题。在最近的ICME-13上,TSG53的主题就是数学教育哲学,并出版了会议论文集。[2]即将在上海召开的第十四届国际数学教育大会(ICME-14)也把数学教育哲学作为一个重要议题。

中国大陆的数学教育哲学研究几乎与国外同步,也肇始于20世纪90年代,郑毓信先生1995年出版的《数学教育哲学》是一个重要标志,2015年又出版了《新数学教育哲学》。郑毓信先生在数学教育哲学方面建树颇多,曾是POME 30多位核心成员之一。

中国数学教育学的理论基础是什么?中国的数学课程改革该如何进行理论审视?中国数学教师的专业成长方向是什么?带着这些问题,长沙师范学院陈飞老师会后对郑毓信教授进行了访谈(以下访谈者陈飞老师简称"陈",郑毓信教授简称"郑")。

2 访谈内容

2.1 数学教育学的理论基础需要哲学

陈:郑老师您好,感谢您能在百忙之中抽出时间接受我的访谈。在华中师范大学读数学教育方向研究生时,我的导师推荐的数学教育论著中就有您的

《数学教育哲学》。此书读起来很难,至今也没有完全读懂。今天能向您当面请教,非常荣幸。这本书已是不少院校指定数学教育方向研究生必读的,对于没有哲学基础的研究生和一线数学教师来说,数学教育哲学是非常艰深的,您为什么会想到写《数学教育哲学》这样一本书?

郑:从数学哲学走向数学教育哲学是当代数学哲学研究的一个趋势,以前的数学哲学主要探讨的是数学基础问题,后来人们越来越关心数学哲学对数学教与学活动的分析。作为哲学教授,数学教育研究不是本职工作,但我有过13年中学数学教学工作经历,深知数学哲学工作者不应局限在象牙塔里进行研究,而应考虑数学哲学研究成果对于数学和数学教育的价值,关注实际中的数学家研究活动和数学教育实践。与数学哲学相比,数学教育哲学对于数学教育就有着更为直接的指导意义。

《数学教育哲学》主要探讨3个问题。第一,什么是数学?也就是数学观的问题。人们现在不再把数学的发展看成无可怀疑的真理在数量上简单的积累,恰恰相反,作为人类的创造性互动,动态的、经验主义的、拟经验主义的数学观已经取代了原来的静态的、绝对主义的数学观并占据主要地位。数学作为一个多元复合体、数学的形式与非形式方面、数学的科学性与艺术性、数学传统与数学共同体、数学文化的基本观念等论题的剖析,揭示了数学的本质,提出了数学作为整个人类文化的子系统的基本观点。第二,为什么要学数学?也就是关于数学教育观的问题。提出数学教育目标的价值性准则和社会性准则,"数学方面"和"教育方面"的对立统一是数学教育的基本矛盾。第三,数学学习与数学教学活动的认识论分析,也就是数学学习本质的问题。从认知科学和建构主义的视角对数学学习与教学活动的认识论问题进行了深入分析。[3]

陈:您在国内率先提出要对数学教育进行哲学思考的观点,继1995年出版了《数学教育哲学》,又在2015年出版了《新数学教育哲学》。《新数学教育哲学》新在何处?

郑:较强的规范性或导向性是1995年出版的《数学教育哲学》的主要特征,但2015年出版的《新数学教育哲学》则采取了更加开放的立场,这也就是指,与各种简单化的断言和片面性的认识相比较,《新数学教育哲学》更加倾向于清楚地指明问题的复杂性与观念的多样化,并希望以此为背景促进读者的独立思考,而不是简单地提供无可怀疑的最终答案。[4]

陈：您刚才谈到数学教育具有"数学属性"与"教育属性"。事实上，数学教育方向硕士或博士的招生一般放在数学学院或教育学院，为何数学教育方向的的硕士或博士还要学习数学教育哲学呢？

郑：一些年前，台湾师范大学林福来教授访问荷兰弗赖登塔尔数学教育研究所，时任弗赖登塔尔数学教育研究所所长的德朗根(J. de Lange)向他提了这样一个问题："什么是台湾数学教育哲学的基础？或者说，台湾的数学教育建立在什么样的哲学思想之上？"林福来的回答是："我们的哲学就是没有哲学！"林福来的回答显然是很机智的，但我们究竟能在这种坦率的"无知"背后隐藏多久呢？我国数学课程改革中遇到的各种争议很多都是因为哲学的"贫困"造成的。数学教育哲学研究的目标正是为数学教育学提供一个必要的理论基础。

陈：您认为中国数学教育的哲学基础是什么？

郑：2002年10月，国际数学教育委员会(ICMI)组织的专题会议"不同文化传统下的数学教育：东亚与西方的比较"在香港地区召开，我受邀作了会议报告。在报告中提到了中国传统文化中具有朴素的辩证思想，即"一阴一阳谓之道""以正合，以奇胜"，也就是中庸思想。中国的数学教育不走极端，是不停地寻找中间地带的。例如，能很好地处理好"结果"与"过程"、"理解"与"记忆"、"教师主导"与"学生主体"等几个范畴的对立统一关系。

但就数学教育哲学的功能来说，也不能为中国数学教育哲学的基础是什么给出明确的解答，还需要继续深入思考。

陈：数学教育哲学的功能是什么？

郑：上面讲到的探讨数学观、数学教育观、数学学习与教学的本质都是数学教育哲学的功能，但数学教育哲学的功能不是要对这些问题给出一个个的标准答案。

举一个例子。著名旅美学者马立平曾到南京拜访我，问了一个问题："郑老师，你能否用一句话告诉我什么是数学观？"我告诉她拉卡托斯有句话："什么是数学的性质？对于这个问题的解答，几乎不可能是铁板一块。仔细的历史和批判的案例分析可能会导致一个复杂的、混合性的解答。"我接着讲，主要的问题不是要回答什么是数学，数学哲学或数学教育哲学回答不了这个问题，而是要着眼于不同的观点对我们有什么启示。数学观不是统一的，是各种各样的。作为一个数学教育工作者，不要去追求那个最终的标准答案，因为没有统一的、标准的答案。一个观点,对我改进教学有什么启示? 这才是我们作为一个数学教育工作者应该关心的问题。

所以,数学教育哲学的主要功能不是回答问题,而是提问题希望促进你思考,希望你通过思考去找出自己的解答。

陈: 相对于哲学、数学、教育学,数学教育学是一门年轻的学科。如何处理数学教育学与其他研究的关系,以促进中国数学教育的学科建设?

郑: 曹才翰、蔡金法1989年出版的《数学教育学概论》对数学教育学的理论基础作了如下的分析:"构成数学教育学所依据的理论基础有:唯物辩证法、数学、教育学、心理学、逻辑学、计算机科学等。从而,所说的数学教育学事实上就表现为这样一种理论框架(图1)[5]:

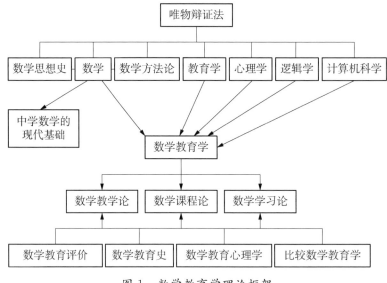

图1 数学教育学理论框架

曹才翰、蔡金法的书后来又做了一些修改,特别是提出了以数学课程论、数学教学论、数学学习论为主要研究内容的新的数学教育学框架,这颠覆了之前中国数学教育以教材分析、教法分析为框架的做法,对中国数学教育学科的发展具有重大意义。

但是从现在来看,这个框架就不能涵盖中国数学教育的研究状况了。南京师范大学"中国数学教育研究30年"是全国教育科学"十一五"规划重点课题,已经出版的书有《中国数学课程研究 30 年》《中国数学教学研究 30 年》《中国数学教育心理学研究 30 年》《中国数学教育哲学研究 30 年》,前 3 部可以说分别对应数学课程论、数学教学论、数学学习论("三论")。此外,数学教育哲学已是数学教育研究的重要领域,但并未出现在曹才翰、蔡金法的数学教育学理论框架中,尽管当时已经提到了应以"唯物辩证法"作为全部理论的基础。

但是,数学教育学应当具有自己独立的理论基础,而不能满足于简单地列举出各个相关的学科,这正是上述框架的一个明显不足之处。所以,有必要对数学教育的理论框架作进一步的研究,正确处理好数学教育学与其他学科的关系。值得指出的是,数学教育哲学的主要内容就是数学观、关于数学学习和数学教学的性质的分析以及关于数学教育目标的论述。因此,数学教育哲学应当成为数学教育学独特的理论基础。我曾在 20 世纪 90 年代提出一个新的数学教育理论框架(图 2):

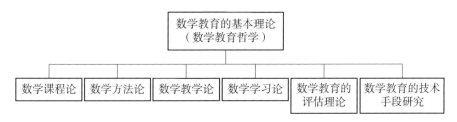

图 2　新的数学教育理论框架

时间又过了将近 30 年,数学教育又有了很大的发展,如对于数学文化的重视,但以数学教育哲学作为数学教育学的独特基础的想法没有变。这里再说一句,蔡金法教授跟我讲,他在读书阶段没有系统学习过两门课非常遗憾,一门是数学教育政治学,另一门就是数学教育哲学。

2.2　数学课程改革的理论审视需要哲学

陈: 您多次提倡数学教育评论,并认为您是数学教育评论家。按照中国人的习惯,"看破,而不说破",要做"不论人所短,不评人所长"的老好人。您为什么对评论情有独钟呢?

郑: 我曾有幸在著名数学家徐利治先生家居住 2 个月,有向徐先生当面求教的机会。徐先生当时新创立了一本学术刊物——《数学研究与评论》。我曾问过徐先生:"刊名中为什么要加上'评论'这样一个词?"徐先生作了如下解答:

"评论对于研究工作有重要的导向作用,甚至可以说,没有好的评论,就不会有好的研究,特别是与整体性研究水平的提升密切相关。"

徐先生的上述看法对于中国数学教育当然也是成立的,更可被看成过去10多年的课改实践给予我们的一个重要启示:由于新一轮课程改革主要依靠行政力量推动,并采取"专家引领""理念先行"这样"由上而下"的运作模式,因此,如果现实中完全听不到不同的声音,特别是学术评论与实践性反馈,那么必然会对实际工作产生一定的消极影响。对此,由课改初期在教学方法改革问题上形式主义的盛行就可清楚地看出:与高峰时占据主导地位的赞美声音相比,能从学术角度做出独立分析并真正发挥学术监督与批评作用的声音实在过于低下、无力。本人特别怀念曾由张奠宙先生长期主持的"数学教育高级研讨班",因为,研讨班不仅为学术交流提供了必要的平台,也对我国数学教育研究的深入发展起到了很好的促进与引导作用。希望在今后仍能看到这样的学术活动。

更加重要的是,哲学就是要有批判意识,我在数学教育方面做的很多工作都具有很强的批判性。哲学本来就是批判的思维,是反思性的东西。从这个意义上讲,哲学视角的数学教育评论是关于数学教育学的奠基性工作。

陈:从《数学教育学报》试刊开始,您就在上面发表文章,一直持续到现在,目前是在该刊发文最多的学者。《数学教育学报》现任主编王光明教授在《关于数学教育科研中"争鸣"的一些认识》中谈到,"关于数学教育哲学认识的争鸣是数学教育最高层次的争鸣","常听人讲,郑毓信、王长沛等先生的数学教育观点较为深刻,笔者也有同感,因为他们的观点中多有哲理思考"。您对数学课程改革有哪些思考?

郑:我曾写过一篇文章《数学教育改革十五诫》发在2014年的《数学教育学报》上,[6]对数学教学工作的基本性质、数学教育的基本哲学,乃至课程改革的基本途径、理论研究者与一线教师的基本定位等重要问题进行了集中思考。

(1) 数学教学不应只讲"情境设置",但却完全不提"去情境"。

(2) 数学教学不应只讲"动手实践",但却完全不提"活动的内化"。

(3) 数学教学不应只讲"合作学习",但却完全不提个人的独立思考,也不关心所说的"合作学习"究竟产生了怎样的效果。

(4) 数学教学不应只提"算法的多样化",但却完全不提"必要的优化"。

(5) 数学教学不应只讲"学生自主探究",但却完全不提"教师的必要指导"。

(6) 应当明确肯定教学工作的创造性。因为,适用于一切教学内容、对象与环境(以及教师个性特征)的教学方法和模式并不存在,任何一种教学方法与模式也必然有其一定的局限性。从而,与唯一强调某些教学方法或模式相对照,应当更加倡导教学方法与模式的多样性,而不应以方法的"新旧"代替方法的"好坏",并应鼓励教师针对具体情况创造性地加以应用,后者可被看成教学工作专业性质的一个基本涵义。

(7) 应当坚持辩证思想的指导,在改革之际更应注意防止各种片面性的认识与简单化的做法。

(8) 数学教学不应只讲"过程",而完全不考虑"结果",也不能凡事都讲"过程"。

(9) 数学教学应当防止"去数学化",同时也应反对"数学至上"。

(10) 数学教学不应因强调创新而忽视了"打好基础",也不应唯一注重基础而忽视了学生创新意识的培养。

(11) 课程改革没有任何捷径,特别是,中国的事情决不可能单纯依靠照搬别人的经验就能获得成功,更不应轻易地抛弃自己的传统,或是简单地否定以前的一切;改革必定有一定的困难和曲折,也正因此,与剧烈的变革相比,应当更加提倡"渐进式"的变化,并应高度重视总结与反思的工作,从而就可通过发扬成绩与发现问题、解决问题取得实实在在的进步。

(12) 应当更为深入地认识理论与教学实践之间的辩证关系,特别是,与唯一地强调所谓的"理论先行"与"专家引领"相比较,应当更为明确地肯定教师在课程改革中的主体地位。更为一般地说,这也就是指,课程改革不可能单纯凭借"由上而下"的单向运动就能获得成功。

(13) 理论研究者、特别是在课程改革中承担重要指导责任的理论工作者必须自律,从而才能更好地承担起自己的历史责任。

(14) 与传统的"理论指导下的自觉实践"相对照,广大一线教师应当更加重视自己的独立思考,而不应盲目地去追随潮流,并应通过积极的教学实践与认真的总结反思不断发展自己的"实践性智慧",从而真正成为高度自觉的数学教育实践者。

(15) 不仅应当努力增强问题意识,而且也应始终突出数学教育的各个基本问题,因为,只有这样,才可能通过逐步积累取得真正的进步。

以上十五个诫条都是我从哲学的角度对数学教育改革的思考。我所讲的数学教育评论都是涉及数学教育改革导向性的问题,事关中国数学教育全局性的问题。

陈:您这些思考很多是在《数学教育哲学》中就给出的,例如有关数学教育的属性问题,已提出要把握"数学属性"与"教育属性"的平衡,才能避免"美国数学战争"在中国的重现。"数学属性"和"教育属性"的对立统一即可被认为构成了数学教育的基本矛盾。数学教育的"数学属性"和"教育属性"发生过哪些冲突与矛盾?您认为如何解决这个矛盾?

郑:从1988年起,我多次赴英美等国及我国的港台地区做长期学术访问,我的数学教育眼界也有了很大的扩展。尤其是1991—1992年赴美国罗格斯大学数学教育研究所访问1年,恰逢美国新一轮数学课程改革如火如荼,我对美国数学教育改革进行了深入考察,在《数学教育学报》上发文章尽心作了介绍。例如,在先前的各次数学教育改革运动中,数学家往往被看成唯一的主导力量,而他们所唯一强调的又往往只是数学教育的数学方面,即只是注意了学科的逻辑体系与学科未来的发展,而未能充分考虑到社会的需要与学生的学习规律。"新数运动"的失败清楚地表明了这一点。"新数运动"的主要特征就在于唯一注重于数学知识的逻辑结构,而完全忽视了实际的认识过程。

我曾劝课程改革的主要负责人之一到国外访学,开开眼界,他没有接受我的建议。也有数学课程改革的专家宣称自己从来不读数学教育研究的论著,可想而知我的文章他也没有读,也没有对数学教育进行深入的研究。我曾对《义务教育数学课程标准(2011年版)》中的"基本活动经验"理念提了6个问题,课标专家也承认"基本活动经验"的内涵还没有完全搞清楚。总的来说,尽管我们应当高度重视数学家们关于如何搞好数学教育的真知灼见,应当热烈欢迎并积极吸引数学家们参与数学教育的研究和实践;但是,我们同时也应明确反对以下的现象,即是认为数学家无须对数学教育的问题作出任何较为深入的专门研究就可随意地对此发表"指示性"的意见。显然,从同样的立场去分析,数学教育也不应被看成完全附属于一般的教育。可见,就数学教育的学科属性而言,"去数学化"与"数学至上"的观点都是不正确的,需要把握两者的平衡。同样地,我们也应坚持这样一个立场,"立足本土,放眼世界",借鉴别人的优势与不足对我国数学教育改革是十分重要的,但又必须立足中国本身的情况去进行分析思考。

不过,有人称数学教育改革存在"钟摆现象",这可以说十分正常。例如我们走路,如果始终都要平衡,你还能走路吗？一定是先跨出一只脚,失去平衡,然后再迈出另一只脚,重新达到平衡。就这样不断地失衡、平衡,动态地前行。这正是我们在工作中应坚持的立场,即是保持高度的自觉性,从而就能通过动态的平衡不断取得新的进步。

2.3 数学教师的专业成长需要哲学

陈：从 2001 年起您就正式转向了小学数学教育研究。您从事过 13 年的中学一线教学,为何没有从事中学数学教育研究,反而从事了小学数学教育研究？

郑：我不是专门做数学教育研究的,我是哲学教授。我做数学教育评论无非是要给数学教师一定的启发,我 2001 年以后的论著中基本上都是举的小学数学教育的例子,无非是想通过这些例子讲出我自己想讲的话。我是想用具体的例子说出普遍性的道理,对中学数学教师应当说也有启示。

我经常用《不访请"外行"来听课》这个例子,是为了提醒我们的数学教师不要陷入了数学课改的"新教条"。我还经常引用浙江省小学数学特级教师俞正强老师的这样一段话：

> 到 2010 年,好像又修改了,三维目标是不对的。作为一个一线数学教师,很认真地接受新的"四基"目标……让我抓狂的是基本经验,不知道如何去落实……教师们看我一脸困惑的样子,告诉我：教书啊,别想那么多……从 2016 年开始,"四基"目标好像又不大重要了,代之以"小学数学核心素养"。因此,讨论环节有位专家问我："你这节课中,培养了什么核心素养？"我当时就被问蒙了……尽管课上成功了,大家也认为上得挺成功的,但面对这个问题,我真的不知从何说起。

这是为了说明数学课程改革口号太多、变化太快,导致一线数学教师无所适从,在专业发展上造成困惑。

陈："专家引领、同伴互助、自我反思"是教师专业发展的重要途径。专家引领难免造成"居高临下",您怎么看这个矛盾？

郑：如果说理论工作者相对于一线教师而言在先前往往自觉或不自觉地采取了一种居高临下的态度,那么,这也就是国际数学教育界近年来所出现的一项重要变化：就研究工作而言,仅仅在一些年前仍然充满着居高临下这样一种基调,但现在已经发生了根本性的变化,即已转变成了对于教师的平等性立场这样一种自觉的定位。当前研究者常常强调他们的研究是与教师一起做出的,而不是关于教师的研究;强调走进教室倾听教师并与教师一起思考,而不是告诉教师去做什么;强调支持教师与学习者发展自己的能力,而不是力图去改变他们。

陈: "中国学习者悖论"这一概念是您首先介绍到国内。如何辩证地看待"落后的教学方式"与"优异的教学成绩"?

郑: 无论就整体性社会或是数学教育而言,我们都应有足够的"文化自信",同时又应更加重视"文化自觉"和"文化责任"。中国数学教育有以下一些特征:与西方对于过程或结果的片面强调不同,东亚各国和地区所采取的是过程与结果并重的态度;西方学者往往注重内在的动力并认为像考试之类的外部动力对学习是有害的,但在东亚各国和地区则认为两者对于促进学生的学习都是十分必要的,从而事实上采取了内外并重的做法;西方人往往将"记忆"与"理解"绝对地对立起来,即认为记忆无助于理解,并认为两者事实上是互相排斥的;但在不少中国学者看来,这两者之间存在一种相互促进的辩证关系:理解有助于记忆,记忆能加深理解。尽管中国的数学教育有着优良的传统,特别是在教学上积累了丰富的经验,但这主要又不能被看成一种完全自觉的行为。

陈: 数学教育理论指导数学教育实践,数学教育实践又反过来促进数学教育理论,理论与实践本是相扶相携的关系。当前,却存在这样的问题:对于专家的理论,一线教师认为不实用,不能用来提升学生成绩;对于一线教师,专家认为他们不认真读书,不能理解数学教育理论。面对这样的矛盾,您提出了"理论的实践性解读"与"实践的理论性反思"概念,做高度自觉的数学教师。数学教师如何做才是正确的专业发展路径?

郑: 数学教育是一门实践性很强的学科,就一线教师而言,要从根本上纠正"理论至上"这样的传统认识,做好数学教育理论与实践的辩证统一,更加重视教学实践的总结与反思,并积极地发展自己的"实践性智慧"。

数学教师在面对一个新的理论时,应认真思考以下3个问题:

第一,这一理论或主张的实质是什么?

第二,这一理论或主张对于我们改进教学究竟有哪些新的启示和意义?

第三,这一理论或主张又有什么局限性或不足之处?

应该知道,无论是教学能力的提升,还是学生成绩的提升,不存在可以解决一切问题的普遍性理论。如果新的理论对改善数学教学没有新的启发意义,数学教师就可以置之不理。

3 结语

对本次访谈可以作以下总结。

首先,虽然数学教育有着悠久的历史,但作为一个专门研究领域的时间还不长。从事数学教育研究的人员学历背景不尽相同,除了数学教育教授,还有数学教授、数学史教授、心理学教授等。即使是被认为取得了数学教育博士的人员,其所属二级学科竟有数个。如果数学教育研究人员都只注意从自身的学术背景出发可能会导致各类研究人员之间无法交流,所以,数学教育从业人员要为数学教育共同事业创建一套可以相互理解的语言。

其次,面对国外数学教育理论,盲目排斥和盲目崇拜都是不应有的立场,要加强中国数学教育研究的自觉性。不能外国人说我们好,我们就认为好,外国人说我们不好,我们就认为自己不好。例如国外学者描述中国数学教学是落后的、以"教师为中心"的"讲授—接受"模式就是武断的。关于中西数学教育的比较不能采用简单的二元对立,要进行更深入的思考。例如强调记忆与注重理解的对立就过于简单,缺乏辩证思维,实际上记忆有助于理解,理解也有助于记忆。强调记忆与注重理解是对立统一的。

最后,数学教育是一门实践性很强的学科。面对各种时髦的理论,数学教师不能盲目跟风,而是要关注基本问题,立足专业成长,做具有哲学思维的数学教师,对理论进行实践性解读,看一看这些理论对自己的教学工作有没有新的启迪。

注:感谢郑毓信教授给笔者一次面对面交流的机会,对笔者而言这是一次很好的学习机会,也感谢郑毓信教授对访谈稿的审核和修改。

参考文献:

[1] [荷]弗赖登塔尔. 作为教育任务的数学[M]. 陈昌平,等,编译. 上海:上海教育

出版社,1995.

[2] Ernest P.. The Philosophy of Mathematics Education Today [M]. Springer International Publishing, 2018.

[3] 郑毓信.数学教育哲学[M].成都:四川教育出版社,1995.

[4] 郑毓信.新数学教育哲学[M].上海:华东师范大学出版社,2015.

[5] 曹才翰,蔡金法.数学教育学概论[M].南京:江苏教育出版社,1989:10.

[6] 郑毓信.数学教育改革十五诫[J].数学教育学报,2014(3):1-7.

[7] 郑毓信.郑毓信数学教育文选(当代中国数学教育名家文选丛书)[M].上海:华东师范大学出版社,2021.

8 顾泠沅教授访谈录：期盼明白致远的中小学数学教育[①]

2019年6月11日，国务院办公厅发布《国务院办公厅关于新时代推进普通高中育人方式改革的指导意见》；同年7月8日，中共中央、国务院发布《中共中央国务院关于深化教育教学改革全面提高义务教育质量的意见》。上述两份文件都指出，要落实立德树人根本任务、发挥各学科德育功能、提高课堂教学质量、加强教师队伍建设等。[1][2]这是新时代中共中央、国务院针对基础教育颁布的重要文件，表明国家对基础教育发展以及教师队伍建设的高度关注。

上海作为改革开放的排头兵，基础教育同样走在全国的前列。上海学生在2009年和2012年国际经合组织（OECD）的PISA测试中，先后都荣获了数学领域的第一名，因而上海的数学教育引起国际学术界的高度关注。[3]上海市第四期双名工程高峰计划项目（数学组）希望通过对上海基础教育数学名师的深度访谈，探秘他们的教学行为，总结他们的成长经验，提炼他们的教育主张，以期向世界分享"上海基础教育经验"以及"上海教育模式"。上海市教科院顾泠沅教授作为我国数学专家型教师的典型代表，从青浦实验开始，对数学教师专业发展进行了长达40年的实践与理论探索，形成了以教师实践知能为核心、以课例研究为载体的教师行动教育模式。他的教育思想和教育理论在上海基础教育界产生了深远的影响，许多上海基础教育教师在他的影响之下强化理论学习、深化专业发展、反思实践经验，最终成长为专家型教师。王华老师有幸对顾教授进行了多次访谈，以下为按照主题整理后的访谈内容。

1 关于教师专业发展

王华（以下简称"王"）：专家型教师的专业素养始终是教育界探讨的重要话

[①] 王华.期盼明白致远的中小学数学教育——顾泠沅先生访谈录[J].数学教学,2020(2): 1-5,50.

题,一般认为,数学专家型教师在知识、能力和信念方面都具有一定的特征。那么在您看来,一位数学教师要能胜任数学教学工作,必须具备哪些知识?

顾泠沅(以下简称"顾"):信念是一种目光,不能仅仅盯着分数与考试,一定要看得远一点。能力与眼力有关,瞄得不准,能力越强偏差越大。明白了这两条,我们才能行稳致远。先说说教师知识,主要是教育知识和学科知识两个方面。中国有句老话叫"两条腿走路",一条腿行之不远。世纪之交,我与舒尔曼有过几次交流,他认为,教师教育时下正有缺了一条腿的大毛病,叫做"缺失范式",因此他特别崇尚"两条腿走路"的一种专门知识——学科教学知识(简称PCK),把学科知识和教育知识融为一体(不是拼盘,而是合金)。这是他关于教师知识分类理论最为重要的部分。然后前面加3条(学科知识、一般教学法知识、课程知识),后面再加3条(学习者及其特点的知识,教育情境知识,关于教育的目标、目的和价值以及它们的哲学和历史背景的知识),由此构成了7个部分的分析框架。面对当年教学法培训的"去学科化"倾向,上海是较早注重学科知识的,30多年前苏步青先生对本市骨干教师作培训,就把提高教师的数学水平作为关键。

后来格罗斯曼等人又进一步将PCK分解为4类:

(1) 一门学科的统领性观念——关于学科性质的知识和最有学习价值的知识。

(2) 学生对某一学习内容容易理解和容易误解的知识。

(3) 特定学科内容在横向和纵向上的组织和结构的知识。

(4) 将特定学习内容呈现给学生的策略的知识。

大量研究表明,PCK知识最能区分学科专家与教学专家、高成效教师与低成效教师。

王:我们之前将数学教师的能力分为设计、实施、反思、研究等。接下来想请您谈谈,您觉得专家型数学教师应该具备哪些教学能力?

顾:您说的4个分类,我想应该就是设计—改进、实践—反思的十字型交错,它们是一个整体。这里我说三点想法:

(1) 实践+反思(研究)=教师成长,这是十字型交错分类的基本观点。

(2) 一定目标下不断往复的"设计—改进"是提高教学能力、实现教师专业化的根本路径,这是一个循环性的历程。

(3) 设计必须以达到教学目标为前提,改进应以实施效果的测评为依据,于是测量评估必然成为一种重要能力。现代教改实践表明:教学与评估既不是前后"串联",也不是不相干的"并列",而是惠斯通电桥式的平行互联关系(图3)。

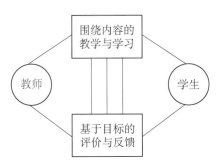

图 3 教学与评估的关系

反馈成为与教学过程同样重要的师生沟通渠道,而且两条通道自始至终都有形成性的紧密关联。

王:作为一名数学专家型教师,您觉得职初教师、经验型教师之间,在能力方面存在着哪些异同?

顾:我认为主要是实践知能的差别。职初教师、经验型教师、专家型教师是一个积累式成长的过程。职初教师有数学和一般教学法知识,但是没有教育经验,也没有精力关注学生;经验型教师就多了对学生的了解和教学经验的积累;专家型教师可以对经验和例子做出理性解读。所以从职初教师到经验型教师的过程中,教师需要积累案例;而从经验型教师到专家型教师的过程中,教师需要对案例进行理性解读。当然这个过程需要台阶,这个台阶有高大与细小的区别,常常因人而异。

这里我要强调一点,其实知识和能力是不可分割的,如同"刀"与"刃"的关系,所以我讲教师知能。对于教师知能,有明言的,可以从书本中学;也有隐性的,只能从"做"中间去学。实践知能如同一座冰山,明言部分只是冰山一角,下面才是庞大的本体。前面说过,PCK 最能区分不同成效的教师知能,所以教师的成长要经历"听中学""做中学""听懂以后做出来""做好以后说出来"的 4 个过程。

王：那教师怎么去发展PCK？

顾：我认为教学案例是发展PCK的重要载体。这种发展包括两个层面：其一，案例的积累和丰富度；其二，从经验上升到理性认识，这是专家型教师适度提炼经验的结果，从而形成了专家型教师的教学风格和教育主张。

王：在数学专家型教师所具有的信念方面，您如何看待教师的形象和教师的价值？

顾：2005年，联合国教科文组织的文件中明确提到，在学校系统影响整个教育质量的诸多因素中，教师是第一位的。2006年，我们在主持制订上海市教师队伍建设规划纲要时明确提出："教师是终身学习的专业，是学校发展的基石。"我认同教育就是"明白之人使人明白"的观点，做教师似乎没有比这一点更高深的道理。课堂的主体是学生，灵魂一定是教师。澳大利亚墨尔本大学的约翰·哈蒂通过15年的研究，得到了影响教学质量的138个因素，计算了这些因素对课堂影响的效应量，并做了排序，称为"哈蒂排序"，其中，教师是排在第一位的。[4]那么今天我们为什么还要谈教师的专业素养？杜威曾认为，教师相比医生、工程师而言是最迟被认为是一个专业的，教师的专业化需要向成功的职业学习。教师作为一个专业有3个特点：第一，服务社会的价值取向和责任观。教育是指向人的，教师要有仁爱之心。第二，教育的理论体系是一个复杂、充满不确定性的实践领域。教师要关注从经验中学和终身学习，以此提升自身能力。第三，教师是以研究为基础的职业。教育还在科学化的过程中，是一个以育人目标为指向的，不断发展着的事业、工程、艺术。所以我想，社会责任是教师信念之魂，扎根实践是教师能力之源，深入钻研是在职教师知识更新之基。

2 关于课堂教学研究

王：谢谢顾老师，对于专家型教师课堂特征的研究，您有什么见解？

顾：这类研究由来已久，有大量成熟的结论。其中包含静态研究的思路，一是专家型教师教学特征的求同概括，二是专家与新手差别的比较研究。近年则出现从新手到成为专家的动态研究，似乎又深入了一步。

我的想法是：课堂研究非常复杂，专家教师极富个性，一般的特征归纳很容易丢失有价值的个人行为信息,我们能否做一个倒过来的设计:从对专家特征的已有认知出发,立足本地区改革改进的已有成果,将抽象的一般特征分解为一些关键的课堂教学行为,然后做出可行且多样的分类表述。也就是说,着力于做本地区专家教师"课堂关键行为的分类与表述研究"。时段可确定为"拨乱反正""改革开放"至今,以体现继承和发展"守正创新"的改革意涵。这方面的关键行为至少涉及以下几个方面:

(1)"教师带动下的学生本位学习",是上海教师的一大特色。教就是为了不教,带动学生学会自己学数学、用数学,学习才能真实地发生。

(2)什么是减负?"减负就是要留住必不可少的东西",聚焦重要的、具有完整表述和发展潜能的数学内容。什么是课堂教学中"必不可少"的,什么是作业训练中"可有可无"的,这是教师难以把握的,专家型教师就把握得比较透彻,这就是数学教学中必备知识、关键能力等素养,"削枝才能强干"。预学单、导学案,如果只是教材或练习册的翻版,那么会增加许多负担。

(3)简单学习之后的深度学习,那是一种"思维再加工学习",数学十分讲究概念和理解之间的平衡,从中培养探索、创造能力,而不是一味高难度、超前学。

(4)还有教育技术进步带来的"情境资源"极大丰富,"个性化教学"出现前所未有的可能等。

王:谢谢顾老师分享的对于课堂特征研究的一些见解。您常说,教师的真功夫在课堂,教师教学能力的高低最终体现在教学行为的水平上。相信您一定积累了很多好课,可以请您举一下具体的例子跟我们分享吗?

顾:在以前的研究中,有两个课例让我印象颇深。

第一个课例是带余除法课,除法就是"分豆子"。这节课的教学目标有 3 个:①什么是余数;②试商的技巧;③寻找一个规律(余数小于除数)。教师上课,通常前两个目标都很容易达到,但是第三个很难,学生怎么也给不出答案,因为他们不理解。可见,之前的课堂只有训练缺少思维,只有记忆不重理解。后来一个农村教师提出通过分豆子来教学生除法。豆子数是被除数,盘子数是除数。分完后余下的豆子就是余数的概念,盘子里试着放几颗就是试商的技巧。分豆子让数学从实物操作到符号运算,实现数学形式化抽象的过程。到了寻找规律的时候,学生自然地得出:余数要小于除数,因为余下的豆子比盘子数还多,至少每个盘子还能分一颗豆,这就是意义的理解。但在这里还必须警惕"学具依赖",即一到做除法就必须"拿豆子来",所以老师还要让学生放下豆子和盘子,在自己脑子里分豆子。从实物具象到脑中表象,再到符号抽象的操作;反过来,抽象操作的结果又可找到现实意义,这就是完整的"数学化"的意义。

第二个课例是课堂改革中正数与负数相加的例子。《礼记·学记》里说:"道而弗牵,强而弗抑,开而弗达。"好的课堂要让学生"三分生七分熟"。执教老师上课举例子:"向东走 5 步,向西走 3 步。结果怎么样?"最差的学生也能回答"向东 2 步"。教师又问:"向西 5 步,向东 3 步呢?"所有学生都能回答对。教师接着说:"数学的运算就是把生活中的走路等用数字和符号来表达,然后得出结果,这个结果当然不能靠走来走去得到,要有运算的法则,同学们想一想,能不能自己归纳法则?"学生有点茫然。教师引导:"所谓法则就是得出运算结果的规则,结果分为绝对值和符号两个部分,应该怎么说?"学生纷纷发言,"绝对值应该减一减,因为向东向西方向不一样会抵消"。至于符号,有的说"符号要看谁大",也有学生提出"-5 不比 $+3$ 大"的质疑。老师参与了讨论,正负数相加是"部分抵消"的结果,绝对值大的那个加数可以拆成两份,一份与另一个加数抵消,另一份就是结果。这是一种体验式的学习,学生能做的自己去做,学生一时弄不清的老师才出手帮助。后来到了有理数减法,学生按照归纳加法法则的思路,竟能自行"发现"减法的两条法则,这是任何教科书上都找不到的一种创造。[5] 20 世纪 80 年代,我在(当时的)国家教委礼堂向领导、专家汇报青浦经验时讲过这个"开而弗达"的例子,被认为点出了教改的一条新路,要避免灌输,必须把学习的机会留给学生。

王:顾老师举的这两个课例让人受益匪浅! 据我所知,您下了很大功夫进课堂去采集整理、研究改进,因此这样的"好课"还有很多。请问您为什么这样做? 一节"好课"到底有哪些标准可循?

顾:"好课"要用课堂产出的效应去衡量,老师最明白这个道理。作为实践者,老师的课堂反思是基于实例的反思,有了例子就有话可说;老师教学信念的更新是基于实例的更新,举了例子才能理解。因此,老师对"好课"标准的把握是基于实例的把握。早年在青浦工作,我们走的是遵循老师认知特点的路子:寻找教学中的突出问题→针对性地筛选经验、理清头绪→相对严密地课堂实验,去伪存真→将货真价实的东西用于大范围传播,前后耗时 15 年。当年理头

绪时,共有160多条经验,经过一年半共50轮的反复试验、观察、淘汰、优化,得出课堂关键行为4个方面的分类[5]:

(1) 让学生在迫切要求之下学习;
(2) 组织好教学内容的层次和顺序;
(3) 指导学生开展尝试探索活动;
(4) 及时了解学习效果,随时反馈调节。

后来,又经过实验验证,揭示并提供对这些关键行为的理性解读,包括情感意志、有序推进、尝试活动、及时反馈等基本原理,使传播推广不停留于模仿照搬,而是内化与合理迁移。

3 关于教育科研

王:顾老师,您以深厚的理论知识和长期的实践经验任职于上海教育科研领域,请您谈谈在教育科研方面的一些成果及建议。

顾:成果已成过去,现在还在努力。说点教学研究的建议吧。我们对专家型教师的研究,可借鉴B·格拉塞和A·施特劳斯这两位社会学家倡导的"扎根理论"的研究方法,把根深深地扎进学校尤其是课堂之中。"扎根理论"的方法常分3步:(1)实地观察和记录;(2)系统归类和描绘;(3)适度抽象和解释。面对大量的素材,有人熟视无睹,有人一见钟情,差别就在前期的预设(包括经验与文献),现代哲学有句话叫"观察如同假说",入行久了才会产生敏锐的觉察力,这是首先要注意的。然后就是分类的功夫,依据素材的属性和面对的问题,将材料组织成独立的类别,通过细节描绘阐明这些类别,有时也叫概念性排序。最后,如有可能(不一定现在就做),概念得以充分发展,概念之间联系摸清了,便可抽象为理论性陈述。很多专家型教师的成长过程,常常先有一定的教学专长,然后形成特色,再进一步就有了自己的教学主张,那就是"个人理论",这是"适度"抽象的结果。

王:谢谢顾老师的建议。您前面举了两个精彩的课例,请您谈谈课例研究的关键在哪里?

顾:首先,课例就是讲故事,故事要有起因、发展和结局。这里说的起因就是课堂中出现的问题或疑难,发展就要说清楚解决问题的过程,没有问题、没有办法不算课例。其次,对课例要有分析、有研究,研究要讲究证据才能体现价值,有例子无研究不算好的课例。

王:您之前提到教师在专业发展的过程中,对学生的了解会逐渐丰富起来,那么您可以跟我们分享一下有关学生方面的研究吗?

顾:青浦实验最早就是从研究"低分学生"开始的。当年低分学生遍地、尾大不掉,对他们作抽样调查和当日练习的观察,归纳出如下的形成过程:

这从侧面揭示了低分学生的形成是学、教两方面问题的不断累积的过程,必须及时阻断这种不良循环。针对这种情况,我们发现有经验的数学教师采用"一本练习本"的方法,把当日练习作为及时了解学生学习状况的具体途径,面批指导、鼓励与期待,成为改变低分的一剂良药。随着对学生行为研究的深入,"一本练习本"的表面经验进步为"及时反馈、掌握学习"的实质性举措。后来,又根据这种举措的局限性,进一步形成"一般掌握与深度理解相平衡"的新的改革目标。

又如从 1990 年开始,我们对学生数学认知能力作了一个长线的观察、测量与分析,跨时 28 年,取得了 80 余万个标准数据,采用大样本因子分析技术,得出符合青浦地区实情而且相对连续、等距的四层次架构(计算、了解、领会、探究),由此认定了"用领会优先的变式突破灌输瓶颈""用思维再加工学习破解探究与创新难题"等改革路径。

好多年前,美国有位功勋教师说:"教重要的是听(关注学生),学重要的是说(表述和讨论)。"我深以为然。2012 年以后,美国有个不小的团队,致力于用课堂实践的关键行为重构数学教师教育,据说这样的取向在国际上已被认同和采纳。他们根据目标确定的关键行为有两个:一是"教师关注",比如关注学生数学思维、关注公平学习环境指标等;二是"引领讨论",包括探究性发言、教学对话和集体辩论等。我再一次深以为然。这是因为,他们的取向把了解学生放到了特别重要的位置。

4　关于数学教育的上海经验

王：顾老师,您对于上海数学教育的发展有着重大的贡献,可否最后请您简单谈谈上海数学教育的经验?

顾：这个问题我不敢随便说。2016年,教育部组织专家总结上海数学教改经验,组长史宁中教授和我在当年全国交流会上有个大会点评,主要说了3句话：(1)连贯一致的改革思路(不"翻烧饼",正道而行的创新);(2)海派文化的数学课堂(不靠一宗一法"指点江山",而是"海纳百川、择善而从"的行动探索);(3)强而有力的教研和教师队伍(以"教学设计—改进"为主的载体学习和群体实践)。

后记：我们对顾泠沅教授进行了多次访谈,获益匪浅。顾泠沅教授为了访谈也准备了许久,其中要点都认认真真地写在了自己的笔记本上,访谈稿仔细修改了两次。顾泠沅教授多次提到自己的几位恩师,比如苏步青先生、刘佛年先生以及吕型伟先生等人,为我们讲述那一代人的"故事",并提到为了纪念他们而写的《苛严以求真,华贵且从容》[6]《师恩绵绵忆当年》[7]《最后一次汇报》[8]《别忘了那一代人》[6]等文章。在此分享一段《最后一次汇报》中,顾泠沅教授当时在课题组的"扎根"研究方法：摸着石头过河的实践路线,用学习的力量避免盲目,看懂现在就是面向未来。

致谢：本访谈得到了顾泠沅教授的大力支持,整理成文后经顾泠沅教授修改确认。

参考文献:

[1] 国务院办公厅.国务院办公厅关于新时代推进普通高中育人方式改革的指导意见[DB/OL].[2019 - 06 - 11]. http://www.gov.cn/zhen-gce/content/2019-06/19/content_5401568.htm.

[2] 新华社.中共中央国务院关于深化教育教学改革全面提高义务教育质量的意见[DB/OL].[2019 - 07 - 08]. http://www.gov.cn/zhengce/2019-07/08/content_5407361.htm.

[3] 张民选,黄华.自信·自省·自觉——PISA 2012 数学测试与上海数学教育特点[J].教育研究,2016(1):35-46.

[4] [新西兰]约翰·哈蒂.可见的学习——对 800 多项关于学业成就的元分析的综合报告[M].彭正梅,等,译.北京:科学教育出版社,2015.

[5] 顾泠沅.口述教改:地区实验或研究纪事[M].上海:上海教育出版社,2014:61-62,37,43.

[6] 顾泠沅.苟严以求真,华贵且从容——记导师苏步青教授精神教化二三事[J].思想理论教育,2012(2):36-37.

[7] 顾泠沅.师恩绵绵忆当年——著名教育家刘佛年先生与中小学教育的不解之缘[N].文汇报,2003-5-26.

[8] 顾泠沅.最后一次汇报[J].上海教育,2012(25):54-55.

[9] 顾泠沅.别忘了那一代人——忆张孝达先生[J].课程·教材·教法,2014(11):12-15.

9 涂荣豹教授访谈录：教学生学会思考是数学教学的根本[①]

2018年9月15日晚，借全国数学教育研究会与《数学教育学报》《数学通报》《数学之友》等联合举办《章士藻数学教育文集》(第2版)首发式之际，段志贵教授在盐城师范学院访谈了全国数学教育研究会前理事长、《数学之友》杂志主编、《数学教育学报》编委会常务副主任、南京师范大学博士生导师涂荣豹教授。访谈围绕揭示数学教学本质的3个相关问题展开(以下访谈过程，段志贵教授简称"段"，涂荣豹教授简称"涂")。

1 数学教学的本质是要教学生学会思考

段：涂老师好！对于教育的本质，许多专家都有着不同的理解或表述，您在数学教育界乃至基础教育界都具有一定的影响力，现请您谈一谈您对教育的理解。

涂：我认为教育的根本目标是培养人，教育科学发展观的核心体现在培养什么样的人。"文革"前，我国的教育方针是"德育、智育、体育几个方面都得到发展"，及至1995年出台《教育法》之后一直强调"培养德智体美劳全面发展的社会主义建设者和接班人"。依我的理解，自我负责、有社会责任感是受教育者应该具有的基本素质，全面发展则是受教育者能够成为合格社会公民的基本条件，进而具有国家和民族、人类和历史、现在和未来的开阔视野，这与我国现阶段发展中小学生核心素养的教育目标是一致的。

当前教育的症结在于"目中无人，分数王道"。事实上，任何忽略学生积极参与的教育，都只能是形式化地完成任务，很难真正取得实效。教育在本质上

[①] 段志贵.教学生学会思考是数学教学的根本——访南京师范大学涂荣豹教授[J].中学数学教学参考，2019(1/2)：8-11.

就是要激发学生的学习热情,让学生爱学、好学,充满好奇心、求知欲,提高学习兴趣,始终抱有探求世界的积极态度。教师应该尽最大努力爱护、培养和激发学生的学习热情,使学生学会学习,即掌握学习的方法,学会自己独立地获取知识,学会研究问题的方法,学会思考,学会从不知开始,一步一步地趋向问题的核心,直至最终的构建和解决。因此在教育教学中,要努力发展学生的认识力。[1]这个认识力主要是指对世界(客观世界和主观世界)各种事物的认识能力,其中包括想象力、洞察力、判断力、预见力、创造力等。

段:在您看来,数学是一门怎样的学科?数学教学的本质是什么?

涂:数学是一门十分特殊的学科,正如张奠宙先生所说,"数学的对象是抽象的形式化的思想材料"。数学最大的特殊就在于它是"思想材料",不像其他学科大多是"物化的形态"。对"思想材料"主要不是进行"物质实验",而是进行"思想实验""思想活动"。"思想实验"实质上是在人的大脑里运用各种思维方式和方法,对"思想材料"进行"思维加工"的心理活动。这种心理活动用通俗的话说就是"思考",由此可见数学教学活动就是学生在教师的带领下进行的思维活动[2],数学教学的本质就是"教学生学会思考"。

现在提出的数学核心素养(数学抽象、逻辑推理、数学建模、直观想象、数学运算、数据分析),其实就是曾经的数学素质,就是通常说的数学的思维能力。思维即是"思考",数学素养的本质应当是数学思考。我们经常听到学生说:"老师讲的我都懂,但自己做就不会了。"什么原因?教师没有把"让学生自己会做"的方法教给他们。数学教学首先是解决"教师自己怎么想到的",然后解决"怎样让学生也想到"。好的教师"想给学生听""想给学生看",差的教师"做给学生看"或让基础好的学生做给基础一般的学生看。为此,教"怎样思考"、教"怎样才能想到"是数学教学的首要任务。[3]我们要教大多数学生能想到的方法,教本原的方法,有技巧也要教技巧是怎么想出来的。如求"$1+2+3+\cdots+100=?$",要想高斯怎么会想到"首尾相加乘以项数除以2"的,而不是仅仅学习这一操作。

2 教学生学会思考要遵循数学教学设计原理

段:从"教学生学会思考的数学教育观"出发,您建构的数学教学设计原理有哪些？这些原理之间是否存在内在的逻辑关联？

涂：我构建的"数学教学设计原理"主要包括"教学生学会思考""用研究问题的一般方法教学""用问题结构推进教学""创设情境—提出问题""从无到有探究""用启发性提示语引导探究""反思性教学""归纳先导，演绎跟进""解题教学以寻找思路为核心"等。这些原理构成了一个内涵丰富、结构完整的逻辑体系。[4]

其中，居于中心地位的是"教学生学会思考"原理。"教学"就是教学生学，那么教师教学生学什么？本质上说，就是要教学生"学会'提出'问题""学会'建构'概念""学会'寻找'方法""学会'研究'问题的一般方法"。没有思考，就不会有"提出""建构""寻找"和"研究"。当然也要学知识，但最终目标是学会思考。这是总纲，是数学教学的目标，也是教书育人的总目标。

如何教学生学会思考？那就要"用研究问题的一般方法教学"。一般方法是指"提出问题—构建概念—寻找方法—提出假设—验证猜想—语言表述"这样的过程。数学新授课基本应该是这样的研究过程，其中第一步就是要提出问题。

提出什么样的问题？那就要"用问题结构推进教学"的原理，其中包括教学问题化、问题结构化、解题教学化。每一节课首先提出一个目标问题，并且逻辑化地分解为一系列子问题，再通过子问题的结构化、教学化加工及其活动组织，最终实现目标问题的有效解决。[5]

问题从哪儿来？那就是"如何提出问题"，尤其是"如何由学生提出问题"，办法是"创设情境—提出问题"，其中包括创设情境的基本准则和基本方法。

问题提出以后如何解决？用"从无到有探究"的原理进行探究性教学，主要是引导式探究，即教师引导学生主动探究并解决问题。

教师如何引导？要依据"用启发性提示语引导探究"的原理，即教师由远及近、由易到难地设计启发性问题，引导学生去主动探究。这些提示语（问题）包括元认知提示语、方法论提示语、认知性提示语。

除了用启发性提示语引导探究教学，还需要用"反思性教学"原理，教学生学会通过回顾、质疑、反诘、追问等方式进行思考，这些反思方法属于元认知，可以实现对学生元认知能力的培养。

学会数学思考必须强调"归纳先导,演绎跟进"的原理,其原因在于"归纳体现了思考的创造性,演绎体现了思考的严谨性",它们相辅相成能够实现对学生理性思维的有效培养。

解题教学是用"以寻找思路为核心"的原理。寻找思路就是思考,如何寻找思路? 我给出的方法是用"如何着手解题"和"如何理解题意"两套启发性提示语去寻找,其中的提示语基本都是元认知的问题,以期让学生学会运用这些提示语引导自己寻找解题思路。这同样也是对学生元认知能力的培养。

整个"数学教学设计原理"体现了上述的逻辑关系,形成了一个完整的逻辑体系。

段: 您刚刚提到"数学教学设计原理"体现了一个完整的逻辑关系,您可否具体解释一下这个逻辑关系?

涂: 好的,这正是我要向你做进一步解释的地方。下面是"数学教学设计原理"构建的逻辑结构示意图(图 4)。

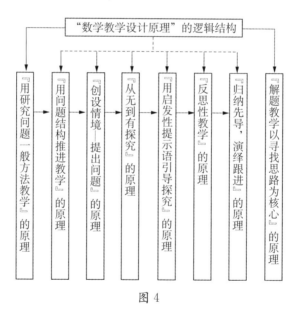

图 4

段: 我注意到您特别提出了解题教学要重视和加强"用启发性提示语引导探究"的原理,您可否就这一原理做具体的解释?

涂: 数学解题教学是数学教学的重要成分,教学生学习如何解数学题也就成为数学教学的一项重要任务。前面说过,解题教学要以寻找思路为核心,在具体解题教学过程中怎样让学生从无到有地寻找思路?"用启发性提示语引导探究"自然就是一种重要的解题教学原理。教师通过适当的引导语给学生以必要的提示和暗示,学生通过自己的思维活动获得提示和暗示。一般说来,教师的启发性提示语有认知性提示语、元认知提示语和方法论提示语 3 种,主要是运用启发性提示语发问,核心是问题,关键是要让学生通过对启发性问题的思考寻找解题思路。事实上,教师不仅要在解题教学中运用启发性提示语,更要在新授课教学中运用启发性提示语。

段:涂老师,为了让广大读者更深入地理解您的这一"数学教学设计原理",您能否简要回顾一下这一原理产生的历史背景与构建历程?

涂:说到原理研究的历程,就要追溯到 20 世纪 90 年代。当时我国数学教育界的前辈们呼吁创建我国自己的数学教育理论体系,他们身体力行做了大量奠基性工作。受他们的感召,我心中滋生了为实现这个目标尽己之力的念头。那时虽已进行了多年的中外教育理论的钻研,但我逐步意识到,要创建中国的数学教育理论,不仅要借鉴外国先进的教育理念,更要从中国数学教育的实践中去发掘探索。[6]于是从 1998 年起,我便带领研究生不断地进入各类中学数学课堂,甚至进入中学的政治课和语文课的课堂(它们也教学生学会思考),并结合自己负责的江苏省高考数学阅卷工作的经历,对大量数学教学案例和数学解题中的现象进行深入地观察思考。在"同课异构"案例研究的过程中,我于 2000 年前后初步构建了"案例研究的分析系统框架";于 2005 年前后逐渐产生了"教学生学会思考"的基本认识,并提出了数学教学的启发性提示语理论;在此基础上,于 2010 年前后构建出"数学教学设计原理"的雏形;经过实践—理论—实践—理论的往复,最终于 2016 年基本完成了"数学教学设计原理"的构建。

回过头来看,这个工作其实并不是一蹴而就的,而是一个从无到有、去粗取精、日臻完善的长期过程。"原理"是从大量的历史经验和现实实验中逐步升华而来的;"原理"是直觉思维的产物,得到原理并没有逻辑通道;"原理"是理论的出发点,是不证自明,是人类思维的"自由创造";"原理"是具有普遍意义的基本规律,是在大量观察、实践基础上,经过归纳、概括而得出的,既能指导实践,又必须接受实践的检验。我对原理的构建经历正是这样的过程。当然,这个数学教学设计原理仍然有待在今后的教学实践中进一步完善,还需要我做更多的努力,我也诚邀同仁们给予斧正和帮助。

3 教学生学会思考应重视学生的反思性数学学习

段：您在"教学生学会思考"的研究上做了大量工作，并据此构建了数学教学设计原理，您对教育炽烈的追求和扎实研究的精神是我等后辈学习的榜样。我想请问，在日常教学中教师应如何组织和应用您提出的数学教学设计原理？

涂：一句话，教师的教学观念要转变。观念转变了，虽然行为可能会滞后，但时间长了自然会跟上。

段：以我的理解，您提出的数学教学设计8个具体原理都是基于教师"教"的视角提出的。我想请问学生的"学"是不是也应重视学习方法的引领和指导？

涂：是的，你说的对。关注学生的"学"也正是我提出数学教学设计原理的出发点。事实上，我认为教学生学会思考更应注重和加强学生的反思性数学学习。

段：您2000年曾在《数学教育学报》发表过一篇题为《试论反思性数学学习》的文章，这篇文章在数学教育界反响很大，至今已被引用达400多次。您可否介绍一下，什么是反思性数学学习？在数学教学中如何组织学生开展反思性数学学习？

涂：学生的反思性学习应该来自教师的反思性教学。反思性教学，顾名思义就是教师引导学生进行反向思考，亦即教师引导学生对自身数学学习活动的过程，以及数学活动过程中涉及的有关的事物（材料、信息、思维、结果等）进行反向思考。这是一种有效的教学方式和学习方式。[7]

反思性数学学习的基本特征是它的探究性，就是在对自我学习活动的回顾和反省中探究其中的问题和答案，重构自己的理解，激活个人的智慧，并在活动所涉及各个方面的相互作用下，产生超越已有信息的思维火花。反思性数学学习的优势是可以帮助学生从例行公事的行为中解放出来，帮助他们学会数学学习；可以使学生的数学学习活动成为有目标、有策略的主动行为；可以使学生的学习成为探究性、研究性的活动，增强学生的分析问题、解决问题的能力，提高个人的创造力；有利于学生在学习活动中获得个人体验，使他们变得更加成熟，促进他们的全面发展和可持续发展。[8]

目前数学教学中的反思性教学相对薄弱，但它却正是数学教学中最有价值的活动方式。数学对象的抽象性、数学活动的探索性、数学推理的严谨性和数学语言的特殊性,决定了正处于思维发展阶段的中学生不可能一次性地直接把握数学活动的本质,必须要经过多次地反复思考、深入研究、自我调节,即坚持反思性数学学习,才可能洞察数学活动的本质特征。[9]为此,在数学教学中,教师要给予学生回顾的时间和反思的空间,让学生对学习活动所涉及的知识进行反思,对学习所涉及的思想方法进行反思,对自己的思考过程进行反思,对活动中有联系的问题进行反思,对解题的思路、推理的过程、运算的法则、语言的表述等进行反思。反思性数学学习的形成当然要靠教师的示范、引导,但最重要的是要让学生学会自我反思,在数学学习中自觉反思、主动反思,不断增强反思意识,并逐步养成一种良好的反思性学习习惯。

4 结束语

对涂荣豹教授的访谈时间过得很快,许多问题还来不及细细展开。在近两个小时的访谈过程中,笔者与涂荣豹教授重点围绕什么才是数学教学的本质这一话题展开讨论。涂教授突出重点,详细介绍了他的新著《数学教学设计原理的构建》一书,提出了数学教学的本质是教学生学会思考,"数学教学设计原理"是一个完整的逻辑体系、应该重视学生的反思性数学学习等具有深刻教育意义的观点和教学主张,相信大家读后一定会深受启发。

注:本访谈整理成文后,经过了涂荣豹教授的审核确认。

参考文献:

[1] 涂荣豹.数学教学设计原理的构建[M].北京:科学出版社,2018.
[2] 宁连华,涂荣豹.中国数学基础教育的继承与发展[J].数学教育学报,2012(6):6-9.
[3] 涂荣豹.试论反思性数学学习[J].数学教育学报,2000(4):17-21.
[4] 常春艳,涂荣豹.探析数学反思性教学的特征及本质[J].数学教育学报,2011(6):8-10.
[5] 涂荣豹.数学学习与数学迁移[J].数学教育学报,2006(4):1-5.

[6] 涂荣豹.专家知识的特征及其数学教学启示[J].数学教育学报,2005(4):13-16.

[7] 涂荣豹.论数学教育研究的规范性[J].数学教育学报,2003(4):2-5.

[8] 涂荣豹,杨骞.略论数学教育的科学价值[J].中国教育学刊,2002(4):35-37.

[9] 涂荣豹.谈提高对数学教学的认识——兼评两节数学课[J].中学数学教学参考(高中版),2006(1/2):4-8.

10 宋乃庆教授访谈录:"四基""四能"给数学课程建设带来的影响[①]

围绕《义务教育数学课程标准(2011年版)》(以下简称《课标(2011)》),浙江省数学特级教师唐彩斌等对西南大学宋乃庆教授进行了访谈。

1 关注"四基":基础知识、基本技能、基本思想、基本活动经验

问:从"双基"到"四基",在《课标(2011)》明确增加了"基本思想"和"基本活动经验",可以说具有某种里程碑的意义,"四基"成了课标修订的一个标志并引起广泛的关注和讨论,您怎么看待这种提法?

答:尽管对"四基"的认识还存在着不同意见,但无疑,"四基"是对"双基"与时俱进的发展,是在数学教育目标认识上的一个进步。1987年制定的《全日制中学数学教学大纲》明确提出基础知识和基本技能的"双基"概念。1992年制定的《九年义务教育全日制初中数学教学大纲(试用)》把"数学基础知识"定义为"基础知识主要是代数、几何中的概念、法则、性质、公式、公理、定理,以及由其内容反映出来的数学思想和方法"。2001年《全日制义务教育数学课程标准(实验稿)》(以下简称《课标(实验稿)》)提出,"学生能够获得适应未来社会生活和进一步发展所必需的重要数学知识(包括数学事实、数学活动经验)以及基本的数学思想方法和必要的应用技能"。《课标(2011)》则修改为"基础知识、基本技能、基本思想、基本活动经验"。"四基"是对"双基"的继承与超越,基本活动经验获得了与基础知识、基本技能、基本思想同等重要的地位,突出了新课程对能力性目标、过程性目标、情感性目标的重视,以及对学生应用意识、创新能力培养的目标指向。这也是国家对基础教育改革发展的要求,要着力提高学生的学

[①] 唐彩斌,等."四基""四能"给课程建设带来的影响——宋乃庆教授访谈录[J].小数教学(数学版),2012(7/8):11-13.

习能力、实践能力、创新能力。

问：怎样界定数学基本思想？数学基本思想有哪些？

答："教学大纲"中曾将数学思想纳入数学基础知识之中，《课标(2011)》则将"四基"并提，突出了"数学基本思想"的重要性。数学思想是对数学知识的本质认识，是更具有普遍意义的思维模式或原则，常以内隐的形式存在于知识形成和问题解决过程之中。数学基本思想是有层次性的结构，可将其分为观念型思想、策略型思想和概念型思想。观念型思想反映了数学的最本质的东西，史宁中教授给出了这样的选择标准：一是数学产生和发展所依赖的最根本思想；二是学过数学的人和没有学过数学的人在思维上的根本差异。如归纳思想(一般化)、类比思想、演绎思想(特殊化)、符号化思想、模型化思想、公理化思想等。策略型思想是在问题解决过程中体现出来的数学思想，常用于指导问题解决策略的选择，如化归思想(变换思想、逼近思想)、整体思想、分类思想、数形结合思想等。概念型思想是在某个具体数学领域中体现出来的思想，以相关的基本概念为背景，如函数思想、方程思想、集合思想、对应思想、极限思想、统计思想等。

问：怎样看待数学基本思想与具体的数学方法的关系？

答：数学方法是在数学思想指导下为解决一类具体问题而使用的具有操作程序的手段与途径，是数学思想的下位概念，也要通过一定的数学内容反映出来，如待定系数法、配方法、换元法、因式分解法、坐标法等。相对于具体方法，我们要更加关注反映数学最本质内核、具有指导作用的思想观念。

问：怎样认识数学基本活动经验的重要性？

答：《课标(2011)》将基本活动经验从数学基础知识中剥离出来，上升到与基础知识、基本技能、基本思想同等重要的地位，突出了对过程性目标的重视。1996年，联合国教科文组织国际21世纪教育委员会发表题为《教育——财富蕴藏其中》的报告，提出4个"学会"，其中有"学会认知、学会做事"，这说明学会学习比单纯掌握学习结果更加重要。《课标(2011)》认为："数学活动经验的积累是提高学生数学素养的重要标志……数学活动经验需要在'做'的过程和'思考'的过程中积淀。"数学活动经验是指学习主体通过亲身经历数学活动过程所获得的具有个性特征的经验。它既可以是感觉、知觉的，也可以是反省思考后留下的经验。数学活动经验是在数学活动中产生的，"是否为数学活动"的判断标准是看"是否有数学思维的参与"，仅是模仿、记忆的数学学习不能被称为数学活动。

问：数学基本活动经验有哪些？

答：从数学活动经验所属的领域来分，可分为属于感知领域的感知型经验，属于认知领域的个人知识型经验、策略型经验，属于情感领域的情感型经验。感知型经验是通过外显的行为操作获得的感觉、知觉体验。属于认知领域的活动经验可从静态和动态两个角度来看：从静态来看，主体通过认知活动对客体形成的个性化的认识结果为个人知识型经验；从动态来看，数学活动过程中获得的经历性知识为策略型经验。情感型经验是在多次活动之后逐渐稳固的情感倾向。

问：对一线教师来说，比较关心的是"四基"的提出对于数学教学将带来怎样的影响与变化，请您谈谈这个问题。

答：我们传统的数学课堂教学具有很多宝贵的经验，如注重知识的结构性、多用变式、注意例题的典型性、及时练习巩固等。"四基"提出后，除吸收传统数学教学中的优点之外，教师还应通过探索活动、问题解决、数学文化等形式使学生获得具有弹性的知识，同时还要防止活动泛化、去数学化、合作表面化等错误的倾向，使学生真正理解数学活动的意义。《课标(2011)》提出"学生探究与教师讲授相融合"的观点，如"认真听讲、积极思考、动手实践、自主探索、合作交流等都是学习数学的重要方式"，"教师应注重启发式和因材施教……处理好讲授和学生自主学习的关系"。这种观点体现了将传统教学精髓与探究、合作等新理念相结合的意图。在教学中，我们既要关注数学知识所具有的联系性、结构性，又要关注知识对不同情境的适应性，也就是要处理好过程与结果、直观与抽象、直接经验与间接经验之间的关系，真正实现学生基于自己的已有经验，在自己熟悉的情境中，通过探究、思考、抽象、联系等过程，学会数学的思维，感悟数学的精神，形成正确的数学态度，获得数学的情感。

问：数学基本活动经验和数学基本思想在教材编写中如何体现？

答："四基"强调以基本思想为核心，以基本活动经验为源泉，突出知识的发生发展过程，以探究的方式学习知识，突出知识的数学本质和蕴涵的数学思想。首先，教材编排要关注数学的核心知识，加强具有生发性、基础性、联系广泛的核心知识，而淡化细枝末节、孤立性的知识。其次，"数学基本活动经验"的提出，要求教材创设出好的数学活动，活动应具有开放性和趣味性，应以问题为驱动,从而让学生在"做数学"中获取知识、学会思维、领悟精神、形成情感。同时,还要实现从感性认识到理性认识的上升,处理好问题化、情境化与知识系统性的关系。最后,"数学基本思想"的提出要求教材选取富含数学思想的内容作为教学的载体,注重问题解决方法与策略的有意识渗透。采用循环编排的方式使得同一内容"反复出现、逐渐深入",通过不同知识阶段的再现,加强数学基本思想的渗透。

2 关注"四能":发现问题、提出问题、分析问题、解决问题

问:除了"四基",还有"四能"同样引起了广大教师的关注。在原来分析问题和解决问题能力的基础上,进一步提出培养学生发现问题和提出问题的能力。为什么要强调发现和提出问题?

答:《课标(2011)》在原有分析问题和解决问题能力的基础上,提出"培养学生发现和提出问题的能力",这是一个进步,体现了时代的要求。爱因斯坦指出:"提出一个问题往往比解决一个问题更为重要,因为解决问题也许仅是数学上的或实验上的技能而已,而提出新的问题、新的可能性,从新的角度去看旧的问题,却需要创造性的想象力,而且标志着科学的真正进步。"发现问题和提出问题是创新的基础,不能总是让学生解决教材与老师提出的问题,要让学生学会从不同的情境中发现问题并提出问题。

问:教师也许都知道"提出问题"的重要性,那么到底怎样结合数学的学习培养学生提出问题的能力?

答:提出问题能力的培养本身也有序列的问题,有待进一步地深入研究。首先,要培养学生的独立意识与批判精神,做到"不唯上、不唯书",这也正是我国学生所欠缺的。这就需要我们在教学中创设平等的课堂氛围,发挥学生的学习主体性,摒弃单纯"讲授—接纳"的教学方式,采用探究交流的方式进行学习,关注学生的学习过程,关注学生在问题解决中具有独创性的方法。其次,应从不同的方面培养小学生提出问题的能力,如从课本中发现问题、提出问题,从生活中发现问题并提出问题,从知识的前后联系中发现问题并提出问题。最后,具体到义务教育阶段的学生来说,他们的知识积累、生活经验等都比较少,所以他们只要能提出简单的问题即可,更重要的是保护孩子的好奇心,培养他们敢

于质疑、敢于提问的学习习惯。

问:"四能"的提出给教材编写带来怎样的影响?有的教材单列"解决问题"策略的课,有的不是单列的,您认为学生是怎样学会解决问题策略的?

答:教材的编写应该为学生"发现问题、提出问题"留出空间。原来教学的问题更多的是教材提供的或者教师提出的,现在应该更注重问题来自学生。这样就要为学生提供真实性的现实情境,同时给予一定的支架式引导。情境还应该具有开放性。我国的教材编排中存在着以下不足:情境数量较少、情境的成人化、情境的不真实、情境中缺少冲突性强的问题、情境的封闭性。至于解决问题的策略,不同教材有不同的处理方法。没有单列"解决问题"策略的课,教师在教学的过程要渗透解决问题的方法与策略;单列解决问题策略的课,可以给学生一些解决问题的基本步骤与方法,使得策略显化。解决问题的策略学习是贯穿整个教育过程中的问题,学会解决问题的策略也是一个不断提高数学思维的过程。

问:您认为《课标(2011)》中,还有没有其他值得关注的地方?

答:《课标(实验稿)》在"关于数学学习内容的核心概念"中提到 6 个核心词,即"数感""符号感""空间观念""推理能力""统计观念""应用意识"。《课标(2011)》则又新增了"运算能力""模型思想""几何直观""创新意识"。10 个核心词值得我们去研究,核心词与原来"大纲"中的"三大能力"是什么关系也值得我们思考。

11 王建磐教授访谈录:承办 ICME‑14 是中国数学教育崛起的良好契机[①]

1 引言

在国际数学教育界,国际数学教育大会(International Congress on Mathematical Education,简称 ICME)是国际数学教育委员会(International Commission on Mathematical Instruction,简称ICMI)指导下召开的数学教育界规模最大、水平最高的国际性学术盛会。国际数学教育大会旨在展示全球数学教育的最新进展与成果,交流全球数学教育问题的各种信息,探讨数学学科最新进展对数学教育发展的启示[1],在国际数学教育领域具有极强的引领作用。每次会议组织的活动丰富多彩,许多高水平的研究成果展示对参会专业人员研究水平的提高具有很大的影响力。

2015 年 6 月 6 日,国际数学教育委员会(ICMI)正式宣布,在中国上海、美国檀香山和澳大利亚悉尼 3 个竞标城市中,上海市赢得 2020 年第 14 届国际数学教育大会(ICME‑14)的主办权。[2] 通过数代中国数学教育工作者的不懈努力,中国实现了从参加、参与、申办到主办国际数学教育大会(ICME)这一质的跨越,这不仅标志着国际数学教育界对中国数学教育发展和水平的认可与肯定,同时也为中国数学教育的崛起提供了一个良好的契机。

王建磐教授曾担任国际数学教育委员会(ICMI)执行委员会委员(1999—2002)、ICME‑14 申办委员会主席(2013—2015)、ICMI 中国国家代表,他既是 ICME‑14 国际程序委员会(International Programming Committee,简称 IPC)主席,也是 ICME‑14 申办与举办的亲历者和主要组织负责人。为此,王建磐教授就 ICME‑14 的申办过程和中国主办此次大会对中国数学教育崛起的意义

[①] 李海,张晋宇,王建磐.承办 ICME‑14 是中国数学教育崛起的良好契机——王建磐教授访谈[J].数学教育学报,2018(6):55‑59.

接受了李海博士等的访谈。

王建磐教授师从中国著名数学家曹锡华教授,于1982年在华东师范大学获理学博士学位,是新中国首批自己培养的18名博士之一,是中国最早涉猎代数群与量子群领域的数学家之一,是代数群表示的国内领军人物。作为数学家,除了做数学研究和培养基础数学的博士生之外,他十分关注数学教育学科的建设与发展,积极推动中国数学教育研究国际化。从1999年起,在王建磐教授和顾泠沅教授的呼吁与积极组织下,建立了中国第一批数学教育博士培养点,培养了一批数学教育博士。王建磐教授曾任华东师范大学校长,是中国著名的数学家和教育家。

2　IMU—ICMI—ICME 简介

李：第14届国际数学教育大会(ICME-14)即将在上海市举办,作为本届大会的国际程序委员会(IPC)主席,您能谈一下国际数学教育大会(ICME)的基本情况吗?

王：国际数学教育大会(ICME)的情况,要从国际数学联盟(International Mathematical Union,简称IMU)谈起。国际数学联盟(IMU)成立于1950年的国际数学家大会,是一个国际性的非政府、非营利性组织,目前共有70个成员国。它的主要任务是：促进数学方面的国际交流；组织召开国际数学家大会(International Congress of Mathematicians,简称ICM),以及两届大会之间各种数学方面的国际性专门会议；颁发奖励,主要是菲尔兹(Fields)奖。

2002年的国际数学家大会(ICM)在北京召开。中国数学家马志明院士、龙以明院士曾担任过执行委员；马志明院士担任过副主席。

国际数学教育委员会(ICMI)是国际非政府、非营利性的关于数学教育研究与交流的科学组织,1908年在罗马举行的第4届世界数学家大会上成立。首任主席是著名数学家、数学教育家F·克莱因。

两次世界大战之间,ICMI少有活动；1952年ICMI重建后成为国际数学联盟(IMU)的分支组织。目前,ICMI有92个成员,包括70个IMU成员和其他以个案申请并得到批准参加的成员。

ICMI的宗旨是从国际视角推进各类现代数学教育理论与实践的转换,为全世界的教育研究者、课程设计者、教育政策制定者、数学教师、数学家、数学教育工作者以及对数学教育感兴趣者提供交流平台。

过去 20 多年以来,中国不断有学者参与到 ICMI 的组织和活动中,代表着更多中国学者的声音。以下中国学者先后担任 ICMI 执行委员会委员(Member of Executive Committee,简称 ICMI EC)(见表 2)。

表 2　中国学者担任 ICMI 执行委员会委员的情况[3]

学者	工作单位	时间
张奠宙	华东师范大学	1995—1998
王建磐	华东师范大学	1999—2002
梁贯成	香港大学	2003—2009
张英伯	北京师范大学	2010—2012
徐斌艳	华东师范大学	2017—2020

ICMI 还有一些附属的研究组和国际或跨国的组织,如数学史与数学教学的关系国际研究小组(简称 HPM)、国际数学教育心理学研究小组(简称 PME)、数学建模和应用国际研究小组(简称 ICTMA)、国际数学竞赛联盟(简称 WFNMC)、国际数学教学研究与改进研究会(简称 CIEAEM)等。

ICMI 还组织一些专题研究会议,称为 ICMI Studies。ICMI 还鼓励组织地区性的会议,如"东亚地区数学教育大会"(EARCOME)。

国际数学教育大会是 ICMI 直接主办的国际会议,是全球规模最大、水平最高的数学教育学术大会。

1966 年,荷兰著名数学家、数学教育家弗赖登塔尔(H. Freudenthal)任国际数学教育委员会主席时,建议单独为数学教育召开国际性大会。1969 年在法国里昂召开了第一届国际数学教育大会,开始了 ICME 的历史。ICME 每 4 年召开一次,与国际数学家大会错开 2 年召开。

ICME 的宗旨是:展示全球数学教育的最新进展;交流全球数学教育问题的相关信息;学习作为学科的数学的最新进展并从中获得启示;大会还颁发国际数学教育的最高奖克莱因奖、弗赖登塔尔奖以及卡斯泰尔诺沃奖。

ICME 的学术活动由大会的国际程序委员会(IPC)负责组织实施,IPC 由

ICMIEC 和大会主席协商后组织,由举办国和世界各地具有代表性的学者组成。

ICME 的学术活动包括:大会报告(Plenary Lecture),每个 60 分钟,一般 4～6 个;大会团队报告(Plenary Panel)、圆桌讨论(Round Table Discussion)、调查组(Survey Team)报告等其他大会活动;国家展示(National Presentation),IPC 选择做展示的国家;常规报告(Regular Lecture),每个 45 分钟,一共数十个;专题研究组(Topic Study Group,简称 TSG),一共数十个,会议期间平行举行学术报告;与会者可选择自己感兴趣的 TSG 投稿,经审稿后录用;讨论组(Discussion Group)、工作坊(Workshop)、分享组(Sharing Group)等,根据需要安排;贴海报(Poster),按 TSG 的分组投稿。

改革开放后,华罗庚、丁石孙、丁尔陞、曹锡华和曾如阜这 5 位中国数学家 1980 年参加了在美国伯克利举办的 ICME-4,并且华罗庚在大会上作了题为"普及数学方法的若干经验"的报告,丁尔陞作了"中国数学教育简介"的报告,这是中国学者第一次亮相 ICME。之后除了 ICME-5 之外,中国学者参加了包括 ICME-6 在内的历届 ICME,并且参会人数总体上呈不断上升趋势,充分说明了中国数学教育工作者不断提高实践和研究水平并逐步融入国际数学教育的趋势。

2016 年 7 月在德国汉堡召开的 ICME-13 上有两件大事值得一提,一是在会前的 ICMI 会员代表大会(General Assembly,简称 GA)上,中国数学会推荐的候选人徐斌艳在九选五的差额选举中当选下一届 ICMI EC 成员,这是中国的第五位 EC 成员,中国大陆第四位 EC 成员;二是在 ICME-13 开幕式上,中国香港大学梁贯成教授正式被授予弗赖登塔尔奖(2013 年度)。

ICME 大会前后还可以在举办地相近的城市(同一国家或不同国家均可)举办一些专题的学术会议,称为"卫星会议"(Satellite Conference)。

借助 ICME 平台,一些国家或国家群体还会举办具有其特性的会中会。

在 ICME-9(东京,2000)、ICME-11(蒙特雷,2008)和 ICME-12(首尔,2012)上,中国大陆、中国香港、中国台湾的学者和海外华人学者共同举办了 3 次"全球华人数学教育论坛"。

3 ICME-14 申办工作回顾

李:申办如此高规格的国际性学术会议,不是一件简单的事,您能谈谈

ICME-14 的申办过程吗?

王:国际数学教育大会(ICME)是全球规模最大、水平最高的数学教育的学术大会,会议的申办,的确经历了不平凡的过程。

从历史的积淀来说,中国作为世界上唯一一个悠久的历史文明保存至今的大国,数学及数学教育积淀深厚。从商朝到清末数千年数学及数学教育的积淀,加上近现代西方数学及其教育的逐步引入,在漫长的历史演变和正反两方的实践中逐步形成了中国数学"双基"教学,和"在良好的数学基础上谋求学生的数学发展"[4]的中国数学教育特色。这一特色表现出的种种现象,越来越受到国际的关注。

改革开放以来,中国国内的数学教育实践与研究走上了快车道,表现为国内研究与实践的不断深入、数学教育研究生(包括博士生)培养水平的提高,各类数学教育学术活动(包括国际数学教育学术活动)的开展。中国的数学教育研究工作者不仅关注国内数学教育的研究,也通过与海外研究者的互动和交流,在逐步认识世界数学教育先进思想和理论的同时,使中国数学教育逐渐成为世界数学教育的一个重要组成部分,并得到了世界学术界的充分肯定、认可和接纳。

2002 年北京举办国际数学家大会(ICM)时,在西藏拉萨成功召开了数学教育卫星会议(ICM-2002 Satellite Conference on Mathematics Education),候任的 IMU 主席约翰·鲍尔参加了这个卫星会议。2006 年中国申办 2012 年的 ICME-12,虽然没有成功,但借此也积累了很多经验。2006 年 10 月,筹办 2008 年在墨西哥的 ICME-11 的中国国家展示(National Presentation)。经全国同行两年的努力,在 2008 年墨西哥举办的 ICME-11 上,中国数学教育"国家展示"准备充分、主题鲜明、资料丰富、形式活泼,赢得了国际同行的称赞[5],取得很大的成功,为后期的申办奠定了深厚的基础。伴随着中国数学教育从传统到现实的历史沉淀以及申办、承办国际数学教育学术会议经验的历史积淀,中国厚积而薄发,申办 ICME 已经水到渠成、势在必行。

ICME-14 的申办,大致经历了以下几个阶段。

第一阶段:表达申办意向

2013 年 6 月,在华东师范大学举办的"未来十年中国数学教育展望"研讨会上,与会专家一致表达了再次申办 ICME 的愿望。2013 年 10 月,提请中国数学会同意,向国际数学教育委员会正式表达中国申办ICME-14的意向,成立了由我主持、华东师范大学数学教育团队为主要成员的"ICME-14申办委员会"。2013年11月13日,我向ICMI秘书长正式递送了王诗宬理事长签署的中国数学会申办、上海市数学会和华东师范大学承办ICME-14的意向函。

第二阶段:正式申办

经过2013年3月至2014年10月紧张的申办准备工作,"ICME-14申办委员会"2014年11月30日正式递交申办书。

第三阶段:接待考察

2015年5月25日至29日,由ICMI主席、副主席和办公室主任组成的考察团对上海市申办ICME-14进行了现场考察。ICMI秘书长原定来沪,但因身体原因临时取消行程。

考察团出席了申办答辩会,听取了我的申办汇报和中国数学会、上海市数学会、华东师范大学领导以及相关团体领导的表态,提出问题并听取了答辩,考察了场馆、食宿设施和相关的城市基础建设,会见了上海市领导、上海市教委领导以及上海市普陀区领导。ICMI主席和副主席还出席了华东师范大学主办的数学教育研究生论坛,并作了学术报告。

在上海考察结束之后,借ICMI Study之机,ICMI EC于2015年5月30日至6月2日在中国澳门召开年度工作会议。这次会议上,经过投票,在3个递交申办书的城市(上海、檀香山、悉尼)中决定了2020年ICME-14举办城市是上海。2015年6月6日,国际数学教育委员会正式向全世界宣布了上述投票结果。

第四阶段:签约交接

ICME-14申办委员会向ICMI提交"Final Bid",它是原标书的修改和补充,吸收了答辩会和考察过程形成的意见,对中国和上海承诺的事项做了更明确的表述。"Final Bid"是协议书的附件,具有法律效应,与ICMI EC讨论并形成"ICME-14,Shanghai,2020"协议书。

经中国数学会理事长袁亚湘签字(2016-06-20),中国"ICME-14申办委员会"在德国汉堡参加ICME-13期间与ICMI签约(2016-07-29),正式完成ICMI向中国"ICME-14申办委员会"关于ICME-14会议的移交。

2016年7月29日至31日,经过与ICMI主席和秘书长多次协商,确定了ICME-14国际程序委员会(IPC)的待确认名单,并于9月17日最后决定了

IPC 的组成,其中中国成员分别是王建磐(华东师大,IPC 主席)、鲍建生(华东师大)、郭玉峰(北京师大)、徐斌艳(华东师大)。

2016 年 7 月 31 日,在德国汉堡召开的 ICME-13 举行闭幕式上,中国数学教育代表团上台做了 10 分钟的 ICME-14 的推介与宣传(包括专为这次交接精心制作的 6 分钟视频),完成了两届大会的交接。

4 ICME-14 会标(LOGO)设计的含义

李: 每一届 ICME 会议都有以主办国文化为背景的会标(LOGO),ICME-14 的会标(LOGO)(图5)已经公布并采用,您能谈谈这个会标(LOGO)的具体含义吗?

图 5　ICME-14 会标

王: ICME-14 的会标(LOGO)充分体现了会议性质与中国古代数学文化,基本思想来自河图。河图与洛书一般被认为是中华文明之始。《易经·系辞》中有"河出图,洛出书,圣人则之",后世的太极、八卦、风水等皆可追源至此。

河图与洛书包含了数的奇偶分类、"等差""等和"的排列、幻方等数学内容,本质上是古人对数与数学的朴素的认识。河图也常画成圆形的,如图 6 中鼎的左半部所示。圆形的河图是会标的基础构图。

图 6　河图与洛书

会标中,位于中心的弦图替代了河图中心的 5 个点,弦图外的圆圈表示河图中的带 10 个点的圈。在此圈外侧画了阴(蓝色)、阳(红色)两个外切的左旋悬臂,分别代表河图上的阴数(偶数 2,4,6,8)从南方(上方)开始的左旋排列和阳数(奇数 1,3,7,9)从北方(下方)开始的左旋排列,但我们只突出画了南方(上方)的阴数 2 和阳数 7 的点列。

弦图是三国时期的数学家赵爽给出的勾股定理的一个绝妙证明,现在是中国数学会的会标。因此,它既表示了中国数学与数学教育的传统,也代表会议主办方中国数学会。两个由螺线组成的悬臂表示中国张开双臂,欢迎来自世界各地的与会者,也代表中国向世界开放的姿态。2 和 7 之积是 14,表示大会的届数。主画面下方标明"ICME‑14",它下方的"卦"是用中国古代八进制的计数符号写出的八进制数 3744,换算成十进制是 2020,表示开会的年份,从 4 个"卦"中也可读出 2020 的二进制码(0)11111100100。八进制和二进制把中国古代灿烂文明和现代科学技术联系在一起。

ICME‑14 的会标中数学元素无处不在,其中的勾股定理以及偶数、奇数、八进制、二进制,既体现了中国古代数学的灿烂,也是现代中小学数学的内容。画面非常几何化,主画面由圆和螺线组成,是中心对称的。螺线的使用也暗示着现代教学理论中的"螺旋上升"的理念。主画面呈"S"形,表示会议举办地在上海(Shanghai),并呈向前的动感,表示我们积极进取的态度。

5 承办 ICME‑14 是中国数学教育崛起的良好契机

李:在数学教育的学术水平方面,应当理性地承认,中国还远远落后于国际水平,中国大陆也落后于中国的香港、台湾地区。虽然中国的数学教育实践已经引起国际的关注,但在数学教育研究领域,中国在国际上的影响还远远不足,最重要的原因是缺乏数学教育研究的学术规范。张奠宙先生倡导的研究方法是,"清晰的问题—创新的目的—科学的方法—可靠的证据—周详的分析—明确的结论"。要建设有中国特色的数学教育理论,必须具备正确的研究方法,才能得出有说服力的结论。承办 ICME 这样最高级别的国际数学教育学术会议,是中国几代数学家、数学教育工作者的梦想,承办 ICME‑14 对中国数学教育的发展会有什么样的意义呢?

王：ICME-14申办成功，让中国学者站到了更高的起点上，同时承担更大的责任。为了ICME-14，中国数学教育界的同仁们要同心协力，砥砺前行，做出最大的努力，贡献满满的正能量，办个精彩的第14届国际数学教育大会，让中国承办ICME-14成为中国数学教育崛起的良好契机。为此可以从以下两个方面入手。

第一，学术上的准备。

时任中国数学会理事长王诗宬院士，在2015年5月26日的ICME-14申办答辩会上代表中国数学会发言认为，中国作为人口大国，重视数学学科的基础教育；而作为多民族国家，不同的语言、习俗和区域经济发展水平提供了数学教育发展的多样性。在这个多样性的大舞台上，在大量实践经验分享基础上发展起来的中国数学教育研究的成就是独特的，甚至在其他国家很难被复制。

数学教育在中国有很长的历史，近现代的数学教学理论至少可以追溯到大学者王国维翻译日本学者藤泽利喜太郎的《算术条目及教授法》。[6]但中国的数学教育作为一个科学理论体系被提出及方法论的引入，则是从20世纪80年代开始。

中国的数学教育有自己的特色，最突出的一点是所有理论都是在大量实践基础上总结出来的，而且在国内有很好的分享机制。

鲍建生教授认为，国内有大量非常精彩的用中小学老师的名字命名的数学教学法，它们流传很广。早期上海育才中学段力佩的"读议讲练"数学教学法，西南大学数学系陈重穆教授带领中学教师一起实施的GX（高效）数学教学法，顾泠沅先生的青浦经验等，都在教育界非常有影响，这在其他国家非常少见。

中国拥有令许多发达国家学者羡慕的完备的四级教研体系（省教研室—区县教研室—学校教研组—备课组），有各种学术交流平台。

中国自1999年（在华东师范大学和南京师范大学）开始了数学教育学博士研究生的培养，至今，全国有10多个博士点，200余篇博士学位论文围绕各类数学教育问题展开研究，成果丰硕。更重要的是，博士生的培养和海外学成者的归来，为中国建设了一支有国际视野和本土实践的年富力强的研究队伍，成为中国数学教育走向世界、走向未来的中坚力量。

目前尚未形成有中国特色的、成熟的数学教育理论体系。建立这样的体系，将是中国数学教育界面临的巨大挑战，也是中国整个数学教育界的努力方向。

在国际数学教育圈子里,中国的话语权与其数学教育大国的地位是不相称的。改革开放以来,中国数学教育界与世界的交往从零开始,到现在有一定的规模与层次,进步是很大的。但还要看到,进入最高层的几乎没有,进入核心层面的人不多(如 ICMI 和 ICME)。

近二三十年来,国内学者积极引进和学习西方的数学教育理论和方法,增强国际间的交流与合作,这是现在与世界进行对话的基础。但是,与数学不同的是,数学教育有很强的民族性、地域性,如何基于中国的民族性和地域性建立中国数学教育理论体系与研究规范,并以此为基础建立自己的话语权,进而与世界对话,融入世界学术圈?

中国数学教育走向世界的另一个障碍是(英语)语言能力的问题,博士研究生和年轻学者们在这方面要做更大努力。

第二,在 ICME-14 上充分展示中国数学教育界的实力。

作为东道主的中国,应该有更多的研究者参加这一机会难得的盛会,在 ICME-14 上充分展示中国数学教育界的实力。大会在中国召开,为更多的中国学者和一线数学教师提供了参与数学教育最高学术会议的机会,在其中可以展示自己研究成果,学习国内外数学教育先进成果与方法,与国内外优秀研究者交流,以期规范自己研究方法和提高自己研究水平。

ICME 中的大会报告(Plenary Lecture)无疑代表着报告人所在国数学教育的最高水平。迄今为止在 ICME 上做过个人大会报告的中国学者只有华罗庚教授(ICME-4,1980)。本届大会将邀请具有国内外影响力的中国学者代表中国做大会报告,向世界介绍和展示中国特色数学教育理论和实践。

应该争取更多的"常规报告"(Regular Lecture)。"常规报告"的入选在很大程度上靠报告者在学术圈的知名度和研究工作的水平。现在常规报告的人选已经确定,需要常规报告的入选者今后围绕报告主题精心准备。

由于 ICME 中的大会报告和常规报告人数非常有限,因此中国学者应当尽可能地主导和参与更多的"专题研究组"(TSG)。应推荐"专题研究组"的主题,尽可能反应研究的热点,有特色和新意;自荐或推荐"专题研究组"的共同主席(Co-chair)。入选的共同主席在今后几年要做很多细致工作、学术工作和组织协调工作。应当鼓励和支持更多的年轻学者参与进来,为他们提供在 TSG 研究和工作的经历,培养年轻学者,为中国培养和储备能够参与国际数学教育学术活动的未来人才。"专题研究组"(TSG)一共有 62 个,接受自由投稿。各研究群体应该在开展研究工作和研究生培养过程中,有意识地鼓励和组织有一定水平的学术论文投到相关的 TSG 去。

最后,会议的筹备与组织也是展示中国数学教育实力的重要因素。如此规模的会议对中国数学教育界是前所未有的挑战,是一项纷繁复杂的系统工程。包括当地组织委员会(LOC)的组成,责任的分担与落实,IPC 会议的召开,资助委员会的组建与会议召开,争取各个方面的支持,等等。还有会议网站的建设与维护,信息发布;参会人员报名、提交论文、审稿、资助申请与注册程序的适时启动;会议申办书所列的各种硬件条件的落实,包括会场安排、交通组织、食宿设施落实。

6 结语

中国著名数学家张恭庆院士撰文指出,数学实力往往影响着国家实力,世界强国必然是数学强国。[7] 数学必将成为下一次科技革命的推动力之一。[8] 几代中国数学家、数学教育研究人员和广大一线数学教师不断努力的目标之一,就是实现中国数学教育的崛起和数学强国之梦。

为了完成这一目标,尽管经过数代人的不断努力,中国数学教育已经具有了良好的国际声誉,引起了国际数学教育界越来越多的关注,但中国数学教育还处在走向世界的起步阶段,还不能说中国的数学教育已经崛起了。[9] 为此,中国数学教育界需要全面深刻地认识自己,尤其是从中国的文化基因出发,深刻认识自己优良的数学教育传统,从中提炼出核心理念,并且用国际话语解说中国数学教育的特色,这是中国数学教育真正崛起的必要条件。[9]

中国举办 ICME-14,既是中国数学教育界的一件大事,也是中国数学教育界的一件喜事。这是几代中国数学家和数学教育工作者的梦想,也是几代中国数学家和数学教育工作者共同努力的结果。中国数学教育界应以此为契机,挖掘中国特色数学教育理论与实践,理性地借鉴国外的经验与教育理论,深入研究中国与西方发达国家在数学教育研究方面的差别与距离,提高中国数学教育及其研究的国际水平,尤其是提高实证研究的水平,提高中国在国际数学教育界的话语权,培养更多优秀的年轻数学教育学者,促进各类数学课堂教学实践的科学性。以上这些都是实现中国数学教育崛起的必由之路。

王建磐教授在访谈的最后认为,现在是时候让国际同行近距离了解和分享中国的数学教育了,中国数学教育学术界也可以借此更深入地了解国际学术动态,在交流和学习中进一步完善中国的数学教育学科体系,让中国承办ICME-14成为中国数学教育崛起的良好契机。

注:原定2020年举办的ICME-14因故推迟至2021年。

参考文献:

[1] 徐斌艳.2016年相聚在第十三届国际数学教育大会[J].中学数学月刊,2015(6):1-3.

[2] 本刊编辑部.上海获得2020年第14届国际数学教育大会(ICME-14)主办权[J].中国数学教育,2015(7/8):4-5.

[3] 鲍建生,徐斌艳.数学教育研究导引(二)[M].南京:江苏教育出版社,2013:7-8.

[4] 张奠宙.关于中国数学教育的特色——与国际上相应概念的对照[J].人民教育,2012(2):36-38.

[5] 王建磐.中国数学教育:传统与现实[M].南京:江苏教育出版社,2009:78.

[6] 代钦.王国维与我国近代数学教育[J].内蒙古师范大学学报(教育科学版),2006(5):70-72.

[7] 张恭庆.数学与国家实力(上)[J].紫光阁,2014(8):76-78.

[8] 张恭庆.数学与国家实力(下)[J].紫光阁,2014(9):69-71.

[9] 张奠宙.可以说"中国数学教育崛起"吗[J].中学数学月刊,2017(1):1-2.

12 史宁中教授访谈录： 谈数学基本思想、数学核心素养等问题[①]

2016年12月,国家数学课程标准修订组组长、东北师大前校长史宁中教授受邀出席在上海召开的高中数学新课程、新教材高峰论坛[1],刘祖希副编审借论坛的两个间隙访谈了史宁中教授。访谈围绕当前数学教育领域的几个重要话题展开。(以下访谈过程中,刘祖希副编审简称"刘",史宁中教授简称"史")

刘：史校长您好,感谢您接受我们的邀请莅临本次论坛。

史：谢谢你们的邀请,我很高兴与教材出版社以及中学界的朋友们交流,大家一起出力把我们国家的数学教材编好。

刘：我们正在组织编写《当代中国数学教育名家访谈》这本书,想对您做个访谈,当面向您请教一些问题。

史：请教不敢当,前两年北师大曹一鸣教授和我也有过一次访谈[2],有些内容可以供你们参考。新的问题,我今天也乐意回答。

1 关于教育、师范教育与数学教育

教育应当包括经验信息的传递、知识信息的传递和智慧信息的传递。我们对三种信息传递的载体进行研究,去寻求教育的内核,探讨教育自身的发展过程,从而展望教育的未来。[3]

——史宁中

刘：您是何时开始关注教育、师范教育与数学教育的？ 您对我们国家的教育、师范教育与数学教育总体上有什么判断？

史：我从1994年起担任东北师大主管本科教学与研究生培养的副校长,开

[①] 刘祖希.访史宁中教授:谈数学基本思想、数学核心素养等问题[J].数学通报,2017(5):1-5.

始关注教育,对教育作了点哲学层面的思考。[3]1998年出任东北师大校长,对东北师大的师范教育进行了改革。特别是2005年承担义务教育阶段数学课程标准修订工作后,接触了多位中小学教师和学科教学论的专家,我意识到:应当详细地研究数学的基本思想,构建切实可行的方法把这些思想体现于数学教师的日常教学;应当理顺中小学数学的脉络,使得数学教师在教学活动中有所遵循;应当清晰地阐述数学教学内容中重要知识点的内涵与外延,对于数学教师能够有所启发。[4]

刘:您说清晰地阐述数学教学内容中重要知识点的内涵与外延,是不是写成了"学科教学核心问题研讨丛书"这套书?

[1] 史宁中.基本概念与运算法则——小学数学教学中的核心问题[M].北京:高等教育出版社,2013.

[2] 史宁中.函数关系与几何证明——初中数学教学中的核心问题[M](待出版).

[3] 史宁中.数形结合与数学模型——高中数学教学中的核心问题[M].北京:高等教育出版社,2018.

我们发现第一本书在当当网上已获得2000多条好评。

史:是的,遗憾的是这套书还没有写完,主要是工作太忙了,我争取挤时间写完,不辜负读者的期待。

刘:您刚才讲到对师范教育进行了改革,这些年我们国家的师范生教育一直在改革,效果似乎不太令人满意,您怎么看师范教育改革?

史:师范教育的问题主要是课程比较陈旧。作为师范大学的校长,我清楚地意识到,随着经济与社会的发展,教师教育必然逐渐走向开放,传统的师范教育也必然逐渐走向综合。面对转型期提出的问题和挑战,我们需要认真思考和扎实实践;要实现教师职业专门化,就必须对传统的师范教育进行改造。1998年,东北师大把传统的"教育学原理"和"普通心理学"2门师范类课程改造为"教师学习与教学论""教育研究方法""青少年心理学"和"学校教育心理学"4门更为实用的课程。我总是认为,在大学,应当尊重学生的学习兴趣,尊重学生的专业选择,对于师范专业尤其重要。因为一个人是否能成为一名好的教师,首先在于他是否热爱教师这个职业。事实上,从2002年开始,东北师大就打通了师范与非师范的界限:在7个一级学科中实行前2年为通识课、2年后选专业方向的培养模式;对于选择师范专业的学生,从教学方法、学科思想方法等方面给予特殊的培养,避免用"专业＋教育学＋心理学＝教师"这个公式来培养教师的倾向。[4]

刘:您来主持国家数学课程标准的修订工作,是不是跟您的大学校长身份有关?能调动更多的社会力量来做这件事吗?

史:课程标准的修订工作主要靠大家多出主意、多沟通,包括数学家、数学教育家、中小学数学教研员和教师,甚至包括其他行业的专家,大家多交换意见就好办了。比如,我们在新修订的义务教育阶段数学课程标准里提"四基",为此征求了许多数学家、数学教育界人士的意见,他们都很赞同。误解往往源于缺少沟通,我找到一个很有效的办法,就是把争论的双方请到一起、坐下来交换意见,误解很快就消除了。课程标准修订主要还是学术问题,不一定非要靠大学校长来做。包括这次的高中数学课程标准修订稿,一直没有公布,我们就跟教育部沟通,把精神传达给出版社,以便他们能够尽早修订教材,确保实验地区能够按时用上新教材。

刘:对数学课程标准进行修订,不管是义务教育阶段的还是高中阶段的,您主张推倒重来还是小修小补?

史:我们在课程标准修订过程中制定了几条基本原则:(1)坚持基础教育课程改革的大方向。(2)课程标准要更加准确、规范、明了、全面,凡是没有充足理由的说法都不出现,还是用传统的。(3)课程标准要更适合于教材编写、教师教学、学习评价,我们编了许多例子帮助老师们理解数学教学。(4)处理好几个关系:关注过程和结果的关系;学生自主学习和教师讲授的关系;合情推理和演绎推理的关系;生活情境和知识系统性的关系。这几条基本原则保障了课程标准的已有成果得到巩固,不合理的地方得到较大改善,原来的课程标准总体上是积极的,也是富有成效的。

2 关于数学基本思想

我们把数学基本思想归结为3个核心要素:抽象、推理、模型。[5]

——史宁中

刘:我们准备了一套您的著作《数学思想概论》(5册),想请您为这套书签个名,送给会场踊跃提问的老师。

[1] 史宁中.数学思想概论(第1辑):数量与数量关系的抽象[M].长春:东北师范大学出版社,2015.

[2] 史宁中.数学思想概论(第2辑):图形与图形关系的抽象[M].长春:东北师范大学出版社,2015.

[3] 史宁中.数学思想概论(第3辑):数学中的演绎推理[M].长春:东北师范大学出版社,2015.

[4] 史宁中.数学思想概论(第4辑):数学中的归纳推理[M].长春:东北师范大学出版社,2015.

[5] 史宁中.数学思想概论(第5辑):自然界中的数学模型[M].长春:东北师范大学出版社,2015.

史:好,我来签名,谢谢你们的精心准备。这套书内容有点多,我最近将这套书压缩成了一本,叫做《数学基本思想18讲》[5],已由北京师范大学出版社出版,这样学校上课、读者看起来都方便一些。

刘:我记得您在2005年左右就提出了数学的3个基本思想——抽象、推理、模型,您是怎样考虑的?

史:大家都觉得数学思想很重要,但是说不清道不明,有的人把数学思想列出一大串。在数学教学中,通常说的等量替换、数形结合、递归法、换元法等,可以称为数学思想方法,但不是数学基本思想,数学基本思想是更上位的概念。因为在述说这些概念的时候,必然要依附于某些具体的数学内容,因此这些概念在本质上是个案而不是一般。此外,这些概念也不是最基本的,比如关于等量替换,人们可以进一步追问:为什么可以在计算的过程中进行等量替换呢?这就意味着,作为一种方法,等量替换可以用其他的更为基本的原理推演出来。为此,需要建立判断数学基本思想的原则。我们建立2个原则:

第一个原则,数学产生和发展所必须依赖的那些思想;

第二个原则,学习过数学的人应当具有的基本思维特征。

根据这2个原则,我们把数学基本思想归结为三个核心要素:抽象、推理、模型。

刘:您能否做些具体解释呢?

史:这三者对于数学的作用以及相互之间的关系大体是这样的:通过抽

象,人们把现实世界中与数学有关的东西抽象到数学内部,形成数学的研究对象,思维特征是抽象能力强;通过推理,人们从数学的研究对象出发,在一些假设条件下,有逻辑地得到研究对象的性质以及描述研究对象之间关系的命题和计算结果,促进数学内部的发展,思维特征是逻辑推理能力强;通过模型,人们用数学所创造的语言、符号和方法,描述现实世界中的故事,构建了数学与现实世界的桥梁,思维特征是表述事物规律的能力强。

当然,针对具体的数学内容,不可能把三者截然分开,特别是不能把抽象与推理、抽象与模型截然分开。在推理的过程中,往往需要从已有的数学知识出发,抽象出那些并不是直接来源于现实世界的概念和运算法则;在构建模型的过程中,往往需要在错综复杂的现实背景中抽象出最为本质的关系,并且用数学的语言予以表达。反之,抽象的过程往往需要借助逻辑推理;通过推理判断概念之间的关系,判断什么是命题的独立性,什么是命题的相容性,最终抽象出公理体系;在众多个案的运算过程中发现规律,通过推理验证什么是最本质的规律,最终用抽象的符号表达一般性的运算法则。因此,在数学研究和学习的过程中,抽象、推理、模型这三者之间常常你中有我,我中有你。[5]

刘:大家对"数学的三个基本思想"这样凝练的观点接受度如何?

史:抽象、推理这是大家都公认的;可能因为我的专业是数理统计学,所以对数学的应用有很深的体会,感觉模型思想特别重要。我提出这三个基本思想之后,在不同场合听到了大家的意见,大家都觉得不错,许多数学家也赞同。[6]

现在我们更明确地提出:数学教学的最终目标,是要让学习者会用数学的眼光观察现实世界,会用数学的思维思考现实世界,会用数学的语言表达现实世界。而数学的眼光就是抽象,数学的思维就是推理,数学的语言就是模型。[5]这样大家就更容易理解3个数学基本思想的意思和重要性了。

3 关于数学基本思想与数学"双基""四基"以及数学核心素养的传承

普通高中数学课程标准所设定的核心素养的本质就是抽象、推理、模型。[5]基于"四基"的数学教学,就是基于数学核心素养的数学教学。[7]

——史宁中

刘:"数学基本思想"是很有创见的观点。10 年后的今天,您和高中数学课程标准修订组做的数学核心素养框架体系(包括数学抽象、逻辑推理、数学建模、直观想象、数学运算、数据分析),我感觉就是在 3 个数学基本思想的基础上发展起来的。5 年前,义务教育阶段数学课程标准修订版提的是 10 个核心词,进行聚类分析后形成三个数学基本思想。[8]数学基本思想(抽象、推理、模型)就是"数学核心素养"体系的"基底"。

史:你看得很准,张奠宙先生最近也谈到了这个观点。这其实就是我们对中国数学课程的传承,是个大问题,要反复地跟大家讲。

刘:可否请您具体帮我们讲讲这个传承关系?

史:数学基本思想与数学"双基""四基"、数学核心素养都是一脉相承的,基于"四基"的数学教学就是基于数学核心素养的数学教学。[7]相对于我们的数学教育传统,数学核心素养并没有另起炉灶。这也是我们一以贯之的事情。

我来具体说说这里面的继承关系。1990 年代,我们国家的数学教学大纲是把数学思想和方法含在数学"双基"里面的,大纲里有明确的表述;数学"四基"是把"数学基本思想"从数学"双基"里面单独列出来,另外再加上"数学基本活动经验",这是对"双基"的继承、发展。数学核心素养是 6 个(数学抽象、逻辑推理、数学建模、直观想象、数学运算、数据分析),其中前 3 个就是数学基本思想的传承,后 3 个是传统的数学能力。

刘:听您的讲解我们就很清楚了:自从 20 世纪 80 年代徐利治先生在国内倡导"数学方法论",在他的影响之下,在数学教学中渗透数学思想方法,已经成为中国数学教育的常识。"数学思想方法"也在 1992 年正式纳入义务教育数学教学大纲,拓展了数学"双基"中"基础知识"的内容,并延续至 2000 年初、高中数学教学大纲;后写进 1998 年版上海市高中数学课程标准、2002 年版高中数学大纲,成为数学"双基"中"基础知识""基本技能"所包括的内容;随后写进 2003 年版高中数学课程标准、2004 年版上海市中小学数学课程标准,成为数学"三基"中的一基:数学基本思想("三基"的提法很短暂,容易被人忽视);进而又写进 2011 年修订版义务教育数学课程标准,成为数学"四基"中的一基。[9]

史:可以这样理解,但我们不能机械地"背文件"。我们对数学教育,特别是基础阶段的数学教育至少应当清晰两件事情:一件事情是,不能单纯让学生记住一些概念,掌握一些解题的技巧,要让学生形成和发展数学核心素养,特别是逻辑推理素养;还有一件事情是,学生逻辑推理素养的形成和发展,在本质上,不是靠教师"教"出来的,而是靠学生"悟"出来的。

虽然,为了数学的严谨性,现代数学逐渐走向了符号化、形式化和公理化,但数学的教学过程却应当反其道而行之,给学生创造直观思维的机会,给学生的"悟"留有充分的时间和空间;虽然概念的表达是符号的,但对概念的认识应当是有具体背景的;虽然证明的过程是形式的,但对证明的理解应当是直观的;虽然逻辑的基础是基于公理的,但思维的过程应当是归纳的。为了实现这样的教学过程,就要求教师在数学教学活动中,更多地关心学生的思维过程,抓住数学的本质,创设合适的教学情境、提出合适的问题,启发学生独立思考或与他人进行有价值的讨论,让学生在掌握知识技能的同时,感悟数学的思想,积累数学思维的经验,形成和发展数学核心素养。这就是基于"四基"的数学教学,这也是未来将要提倡的基于"数学核心素养"的数学教学。[7]

4 关于中小学数学教材的编写与修订

教育的任务就是要把科学的知识让学生理解,并化为他自己的知识。这里面有两个重要的转化的过程:一是科学知识向学科课程知识的转化,这要依靠学科专家和课程开发专家的努力;二是把学科课程知识转化为学生知识,这要依靠广大教师。[4]

——史宁中

刘:这次会议的另一个主题是关于数学教材编写,我们想请教您:作为数学家、大学校长,您觉得编写中小学数学教材难度大不大? 是不是一件比较容易的事情?

史:教材编写这个事还真不简单。教材要越读越有味道,经得起反复推敲,绝对不是"快餐"。你是上海教材的责任编辑,应该也有这个体会。现在我们国家很重视教材的编写,教材编写队伍力量配备很强,过去以专职的教材编写者为主,现在是由高校数学教师、教育学院的教师培训者、基层数学教育教学研究人员、资深中小学数学教师共同组成,专业、专职和兼职人员并重的四位一体编写队伍。与过去相比,教材编写队伍的学术层次提高了,研究气氛浓厚了,理论与实践之间的关系开始趋于平衡了,一线教师的参与程度加强了,教材编写活动的活力大大增加了。[10]

刘：近几年国内开展了许多教材比较研究的工作(包括国际比较)，教材难度的比较是其中一个基本问题。您认为应该如何衡量一套教材的难度？

史：华东师大的《数学教学》杂志发表了我的一篇讲演稿，其中专门谈了教材难度的问题。什么是教材难度？它由许多因素确定，比如广度(知识含量，包括习题)、深度(逻辑层次，区分概念与命题)、表达(描述方式，包括例题)、时间(单位时间授课进度)，这样的话，教材难度就是广度、深度、表达、时间的(线性或对数线性)函数。[11]大家可以做一些实证来验证一下这个观点。

刘：近来您与各家教材出版社的同志、各版本教材的主编和编委交流很频繁，您是不是希望向他们传递更多的关于教材编写和修订的理念、要求？

史：课程标准的实施首先体现在教材编写这个环节，至关重要。当前，编写配套的高中数学新教材要特别注意以下几点：(1)把握数学知识的本质，比如新概念的引入要回答缘由、新方法的述说要述说道理；(2)创设合适的教学情境，提出合适的数学问题；(3)启发学生思考，鼓励学生与教师交流、学生之间相互交流；(4)让学生在思考和交流中掌握知识、技能，同时理解知识的本质；(5)帮助学生感悟数学思想，积累思维的经验，形成和发展数学核心素养。

另外，教材编写团队平时也要注意做好教材修订工作。修订工作大体上可以围绕3个方面进行：(1)围绕"显性"问题修订；(2)围绕"打造教材特色"修订；(3)围绕"深层"问题修订。这是真正有挑战性的修订。目前教材编写有很多不太令人满意的"深层"问题，比如数学概念的表述还是几十年前的，至今没有变化；还有忽视学生学习过程的问题屡见不鲜。这些"深层"问题解决好了，有可能使中国的数学教材面貌在世界上独树一帜，令人期待。[10]上海教材就很好，很多地方值得全国同行借鉴。

5 关于上海数学教育改革经验的总结

在近30年上海数学教育改革的长期积淀过程中，上海至少形成了3条重要经验：连贯一致的改革思路，海派文化的数学课堂，强而有力的教研与教师队伍。[12]

——史宁中

刘：您今年已经是第五次来上海了吧。

史：是的，为了总结上海数学教育改革经验就来了4次。

刘：2016年8月22日，全国"上海中小学数学教育改革经验"交流会在上海举行，会议主题是"推广交流上海中小学数学教育改革经验，研讨我国数学教育改革发展方向与推进策略"。您作为上海基础教育改革宣传推广工作数学教育项目组组长，在会上为上海数学教育改革经验总结的3句话现在广为传播。

史：上海教育界的同志很客气，请我总结上海的数学教育改革经验，我讲了3句话：连贯一致的改革思路，海派文化的数学课堂，强而有力的教研与教师队伍。头尾两句话好理解，很多人问我第二句话是什么意思，我说海派文化的数学课堂就是"海纳百川、教无定法"，大家很赞同。上海的数学课堂上什么经验、方法都可以拿来试验，好的就留下来、为我所用，海纳百川本身就是上海这座城市的精神。

刘：这3句话的经验总结令上海教育界欢欣鼓舞，也令中国其他地方羡慕不已。

史：上海数学教育界的同志工作、研究做得很扎实，比如顾泠沅教授等，上海的经验有他们的功劳。当然，这3句话不是上海独有的经验，我们国家很多地区都有这样的经验，上海是代表。

刘：现在上海已经明确有几门学科会使用全国统一教材，您判断上海的数学教材会不会也使用全国统一教材？

史：上海的数学教育改革经验对上海的数学教材肯定有很大贡献，国家既然总结推广上海的数学教育改革经验，上海的数学教材应该是很重要的体现，祝愿上海教材做得更好。

刘：谢谢您接受我们的采访。

6 结语

对史宁中教授的访谈时间过得很快，许多问题还来不及展开。考虑到会议日程很紧张，我们按计划结束了这次访谈。在近3个小时的访谈过程中，史宁中教授为我们详细讲解了如下问题：关于教育的哲学思考、师范教育改革与数学教育改革；什么是数学基本思想；数学基本思想与数学"双基"、数学"四基"、数学核心素养有着怎样的传承关系;如何编写中小学数学教材;如何总结上海乃至中国数学教育改革经验等。

当代中国数学家有关心教育特别是数学教育的优良传统,数学家关心数学教育主要有以下几种形式:一是关注中小学数学教育与课程改革;二是主持编写中小学数学教材;三是开展数学普及工作与科普创作。[13]作为一名学术成就斐然的数学家、大学校长,史宁中教授从关心、关注到逐渐领导中国的中小学数学课程改革,在这一"华丽转身"的背后,是他为中国数学教育贡献的非凡智慧与拳拳之心、殷殷深情。

注:访谈得到了史宁中教授的大力支持,整理成文后经史宁中教授审核确认。

参考文献:

[1] 刘祖希.2016年高中数学新课程、新教材高峰论坛简讯[J].数学通讯(教师版),2017(1):封四.

[2] 曹一鸣,等.与数学家同行[M].南京:南京师范大学出版社,2015.

[3] 史宁中.关于教育的哲学[J].教育研究,1998(10):9-13,44.

[4] 史宁中.教育与数学教育[M].长春:东北师范大学出版社,2006.

[5] 史宁中.数学基本思想18讲[M].北京:北京师范大学出版社,2016.

[6] 史宁中.数学的基本思想[J].数学通报,2011(1):1-9.

[7] 史宁中.试论数学推理过程的逻辑性[J].数学教育学报,2016(4):1-16.

[8] 刘祖希.我国数学核心素养研究进展[J].中小学教材教学,2016(7):35-39,40.

[9] 刘祖希.当代中国数学家对数学教育内容创新的贡献[J].中学数学杂志,2016(1):3-6.

[10] 史宁中,马云鹏.基础教育数学课程改革的设计、实施与展望[M].南宁:广西教育出版社,2009.

[11] 史宁中.数学教育的未来发展[J].数学教学,2014(1):1-3.

[12] 上海基础教育经验宣传推广数学教育改革专题组.上海数学教育改革基本经验报告[J].上海教育(A刊),2016(9):20-23.

[13] 新青年数学教师工作室.当代中国数学教育流派(新青年教师文库)[M].上海:上海教育出版社,2014.

13 曹一鸣教授访谈录：谈数学课堂教学研究与青年数学教育工作者培养等问题[①]

2016年1月8日上午,借"中小学数学课程国际比较研究丛书"约稿之际,刘祖希副编审在北京师范大学数学科学学院访谈了全国数学教育研究会理事长曹一鸣教授。访谈围绕当前数学教育领域的3个重要话题展开。(以下访谈过程中,访谈者简称"刘",曹一鸣教授简称"曹")

1 关于数学家访谈和数学教育名家访谈

刘：曹教授您好,给您拜个早年。

曹：谢谢,欢迎来北师大作客。

刘：送给您一本我们新青年数学教师工作室出版的新书——《当代中国数学教育名言解读》[1]。其中解读了您的一条名言,请您指正。

曹：谢谢,我一定好好拜读。我听好几位朋友提起过新青年数学教师工作室的书,很不错。我也送给您一本新书《与数学家同行》[2]。

刘：谢谢您!《与数学家同行》写得很好、很吸引人,我在网上书店看过介绍。正好请教您：您是怎样想到写这样一本书的?

曹：这本书更像是一本故事书。我和许多人一样有一种爱看故事的情结,一个引人入胜的故事有时会给人留下深刻的印象,甚至影响人的一生。我少年时代看徐迟的报告文学《哥德巴赫猜想》,陈景润的故事对我影响很大。近年来,我主要的精力相对集中在从事基础教育中的数学教育研究上,借助于在北师大工作,以及担任中国数学会基础教育工作委员会副主任和全国数学教育研究会理事长之便,有较多的机会与关心基础教育的数学家们一起交流、工作,了

[①] 刘祖希.访曹一鸣教授：谈青年数学教育工作者培养等问题[J].数学教育学报,2016(3)：44-47.

解他们从事数学研究的"传奇"故事和经历,这些故事也常常激励着我,并对我的学习和工作起到很大的促进作用。因此,我也一直想将这些信息收集起来,能与教育界的同行以及青少年朋友们分享。非常巧的是,南京师范大学出版社策划了一套"与科学家同行"丛书,约请我负责编写《与数学家同行》分册。虽然我手头上有许多教学科研工作要做,但我还是放下了其中很多工作,并邀请了我的两位研究生一起来共同完成这件非常有意义的工作。

刘: 您采访了哪些数学家?主要就哪些问题进行了采访?

曹: 数学界有一个非常好的传统,就是数学家普遍关心青少年的数学学习,有一大批热心数学传播的数学家。由于数学家的时间和身体等原因,我们陆续访谈了王梓坤、林群、张景中、严加安、单墫、王建磐、史宁中等数学家。通过对7位数学家的访谈,展现数学家的求学经历、成长历程,阐述数学家所从事的数学研究的意义,以及他们对于自己所处数学领域学习的感悟与体会。通过了解数学家的学术成就、求学经历、治学方略、价值观念,激发青少年以他们为榜样,学习他们志向远大、坚韧不拔、淡泊名利、百折不挠的崇高品质,培养青少年崇尚知识、尊重人才的社会价值取向,实现知识、方法、思想、情感、价值观的有效自我构建,初步形成自己的学术努力方向。

在对每一位数学家的采访中,除了对他们的求学、科研经历进行了访谈,我们还结合当下的社会热点问题向他们询问了看法。这些问题主要包括以下几个方面:如何培养中小学生数学学习的兴趣;如何看待出国留学低龄化的现象;随着信息化的普及,如何处理快餐式阅读与传统阅读的冲突等。

刘: 数学家的确是一个很有意思的人物群体。我们知道,数学家是创造数学科学的人,他们以数学研究与数学教育为己任。[3]数学教育天然会受到数学家和教育学家、心理学家的影响。数学家对数学教育的影响主要体现在教学内容的选取和安排上,心理学家的影响则主要体现在研究方法指导上。[4]受您的启发,我们也考虑撰写一本《当代中国数学教育名家访谈》,想请您给些建议。

曹: 这个想法很好。当代中国数学教育领域有一批老专家,他们热爱数学教育事业,学识渊博,阅历丰富,成就斐然。高等师范院校既是数学教育研究的主阵地,也是数学教育家成长的沃土。近百年来,从我国的高等师范院校中走出了一大批成果卓著、享誉全国的数学教育家,他们既有深厚的理论功底,又有丰富的实践经验,还有宽阔的国际视野。另外还有一批数学教学专家,他们甘心扎根中小学,也做出了一流的成绩。这些数学教育教学专家的经验和经历都值得后辈学习,如果能把这一工作做好,那么也是非常有价值的。

2 关于数学课堂教学研究

刘:谢谢您给我们的建议。其实您正是我们准备访谈的数学教育专家之一。我们知道,课堂是教学的主阵地,您是国内数学课堂教学研究领域的专家。您能不能为我们介绍一下这个领域的研究情况,以及您的研究工作?

曹:专家不敢当。相比数学教育领域的其他研究对象,数学课堂教学研究显得尤为重要。关注现实的数学课堂教学是数学教育研究发展的生命线。国内外许多学者都在这个领域做出了很优秀的成果。这里我可以简单介绍一下国内、国际关于数学课堂教学研究的一些情况。

对教学中真实发生事件的关注,一直是近年来国际教学教育的重要论题。第三次国际数学和科学研究(Third International Mathematics and Science Video Study,简称 TIMSS)分别于 1995 年、1999 年进行了 2 次录像研究(简称 TIMSS1995、TIMSS1999)、学习者视角的研究(The Learner's Perspective Study,简称 LPS)等国际课堂教学录像研究,这些都是基于数学课堂的研究。近几次国际数学教育大会一直将数学课堂教学研究列为专题研究。这样做的一个重要目的正是,试图探寻成功的学校教育和课堂教学之间的联系。

多年来中国数学课堂教学研究的成果涉及教师主导下的"精讲多练""一题多解""熟能生巧""变式教学""启发式教学""双基教学",以及随着数学课程改革的发展而产生的"活动、探究""合作交流"等,有些在教学实践中得到广泛运用、验证,有些是来自实践的总结、提升。其中有许多很好的研究工作,比如:张奠宙先生领衔的数学"双基"教学理论总结[5],顾泠沅先生牵头的"变式教学"研究[6],罗增儒先生倡导的数学课例分析[7],王光明教授主持的数学教学效率论研究[8],等等。我自己则从 1995 年起,围绕数学课堂教学模式、实证研究等做了一些工作。

刘:我们大致整理了一下您关于数学课堂教学研究的著作(可能还有遗漏):

[1] 曹一鸣.数学教学模式导论[M].北京:中国文联出版社,2002.

［2］曹一鸣.中国数学课堂教学模式及其发展研究［M］.北京：北京师范大学出版社,2007.

［3］曹一鸣.数学课堂教学实证系列研究［M］.南宁：广西教育出版社,2009.

［4］曹一鸣.数学教学论［M］.北京：高等教育出版社,2008.

［5］曹一鸣.数学教学论［M］.北京：北京师范大学出版社,2010.

［6］曹一鸣.国际视野下的中国中学数学课堂微观分析［M］.北京：北京师范大学出版社,2011.

我们发现,与一些依靠经验所作的思辨性研究不同,您和您的研究团队着重在实证分析方面开展系列研究,在拿出确凿证据(评价中国数学课堂教学)方面做了很多尝试。

曹：是的。比如《国际视野下的中国中学数学课堂微观分析》,就是我们从数学课堂教学的现实场景入手,利用专用的视频分析软件,对连续课堂录像进行编码研究,同时注重定性分析与定量分析相结合,从以下几个方面研究了中国数学课堂教学的特点：

(1) 数学课堂中的师生对话研究；

(2) 数学课堂中教师课堂语言研究；

(3) 数学课堂中"双基"教学的研究；

(4) 数学课堂中启发式教学研究；

(5) 数学课堂中以教师为主导的课堂教学研究。

刘：我们还发现,在实际教学过程中许多数学教师对数学课堂教学模式孜孜以求。请您为我们讲一讲数学课堂教学模式的问题。

曹：数学教学模式是教学过程的概括和抽象,是教学过程的"模型"。它是在教学理论、学习理论指导下,在大量的数学教学实验基础上,为完成特定的数学教学目标和内容,围绕某个主题形成的稳定、简明的教学结构框架,是教学理论与教学实践的"中介"。它可从总体上认识和控制教学过程,使教学的各环节、各方面的配合更合理、更协调,具有可操作性,为课堂教学的改革提供理论指导和质量保证。

我们认为,教学模式是对教学经验的概括和系统整理,教学实践是教学模式产生的基础,但教学模式不是已有的个别教学经验的简单呈现。并不存在一个国家的数学课堂教学模式,但确实存在一些数学课堂教学的国家特征。第 11 届国际数学教育大会(ICME-11)上,中国"国家展示"项目筹备组进行了尝试,对中国数学课堂教学的基本特点以及小学、初中、高中 3 个具体学段数学课堂教学的特点分别进行了概括[9],取得了一定成效。

无论哪一种基本模式,都或多或少运用了"启发式"教学法。"启发式"教学是中国教学领域里的一棵常青树,是中国乃至世界教育史上一项宝贵的遗产。

刘:许多数学教师在数学课堂教学模式这一问题上显得无所适从。记得您说过,"从教学新手到专家型教师,把具体的模式消解在实际的教学场景之中"[10],"突破教学模式,走向教学的自由"[11],这些观点非常有指导意义。

曹:教学实践中,每一位教师都有意识或无意识地以一定的方式实践着"自己的教学模式(方法)",并在不同层次、不同问题情景中运用"教学模式"这一概念。对教学的模式化曾是教学论研究中的一个热点问题,并有力地推动了现代教学科学化研究。但对教学模式的研究出现了片面理解和认识,甚至僵化、固化,进而又出现了拒斥、否定教学模式研究的倾向。从后现代视野来重新审视"模式",可以丰富和发展教学模式的内涵,从而避免、消除对教学模式狭隘、片面的理解和认识,使教学模式理论得以更有效地指导教学实践。

教学有法,教无定法。没有"万能教学模式",每一种教学模式都有它的实施条件,对待教学模式应该是:学习模式、研究模式、借鉴模式、超越模式,进而发展个性,发挥特长,走向"无模式"化教学。

现代教学设计中,不仅仅要合理选择模式,突破模式,建立新模式,还要弱化"模式",超越"模式"。教学的最高境界是无模式。

教师专业成长过程中,教学模式研究是提升实践智慧的一种有效途径,在不同的阶段应达到不同的境界。首先是模仿、借鉴、熟悉多种教学模式;进而是活用、整合多种模式;最终是重构、超越模式,走向教学的自由的最高境界。

刘:感谢您全面而精彩的讲解。我们注意到您还开展了多个关于数学课堂教学研究的国际合作项目,请您介绍一下这方面的情况。

曹:2006 年起,我们基于国际视野,从学习者的视角(LPS)来进行中国(初中数学)课堂教学微观分析与研究。这是由澳大利亚学者大卫·克拉克(David Clarke)发起的国际合作研究,目前已有 16 个国家和地区的学者参加。我们的一些成果已在国内外产生了一定的影响,在第 11 届国际数学教育大会(2008,

墨西哥)、第 90 届全美教育大会(2009,美国)、第 34 届国际数学教育心理学大会(2010,巴西)、LPS 年会(2008—2011)、全国数学教育研究会(2008,长春;2010,杭州)等重大国内外学术会议上做了报告,多篇论文在国内外重要学术期刊上发表,并出版了专著《数学课堂教学实证系列研究》(2009,广西教育出版社)、《国际视野下的中国中学数学课堂微观分析》(2011,北京师范大学出版社)等。我们的研究工作还会持续开展下去。

3 关于全国数学教育研究会与青年数学教育工作者的培养

刘：全国数学教育研究会是为数不多的全国性数学教育研究组织,我们的《当代中国数学教育流派》[12]一书作过详细介绍,但中小学数学教师可能还不太熟悉。您作为研究会的理事长,可否介绍一下研究会的发展情况和人才建设方面的工作设想?

曹：我们研究会过去一直叫做"全国高等师范院校数学教育研究会",成员主要来自高师院校。事实上,现在参加学会的对象早已不局限于高等师范院校的数学教育研究人员,很多中小学教师、教研员都参与研究会的活动。2009 年 7 月研究会常务理事会决定将研究会更名为"全国数学教育研究会"[13],并于 2010 年研究会学术年会上正式更名。

研究会更名后,既能团结有一定学术研究能力的中小学教师、教研员,帮助他们在学术上继续成长;又能促进高师院校的研究人员沉浸到教育基层中去吸取养分。两方面工作结合好的话,可以期待的是,今后将有一批既有理论思辨又有实证研究的优秀成果问世。

刘：据我了解,您本人除了担任全国数学教育研究会的理事长,还担任中国数学会基础教育工作委员会副主任、中国数学会数学史分会常务理事、全国初等数学研究会副理事长等多项重要职务,这是否有利于您开展数学教育研究人才队伍的建设?

曹：数学教育是一个综合性的研究领域,我的想法是要吸收多方面的资源投入数学教育研究,但根本还是数学教育研究人才的培养。青年数学教育工作者的培养更是关键,既要培养青年博士、硕士,也要培养中小学青年教师。

一门学科走向成熟有一些标志性的事件,其中学术团队的成长与建设是关键。青年数学教育工作者承载着中国数学教育未来的重任,建立青年学术共同体,打造中国数学教育的未来梯队,至为重要。数学教育方向博士研究生的培养是一个重要的途径。从总体上来讲,青年博士的水平还是比较高的,他们受到严格规范的学术训练、有很多的机遇开展国内外学术交流,这是20年前无法比拟的。我们每年都邀请一些国际著名的数学教育专家来访问、讲学,送一些博士生通过联合培养的方式到国外学习。华东师范大学以及其他院校这方面都各有自己的特色。现在很多高层次的数学教育会议,都会特别关注青年学者的培养,全国数学教育研究会的学术会议期间会设置研究生论坛,2014年5月在北师大召开的首届华人数学教育会议专门开设青年数学教育工作者论坛,2015年7月西南大学还举办了"数学教育博(硕)士生培养国际论坛暨数学教育研究方法培训会"[14]。我们还考虑今后以研究会的名义,在全国范围内开展数学教育方向优秀博士论文评选,并约请教育专业出版社结集出版这些论文,鼓励数学教育方向博士生开展高质量的研究。这次我们与上海教育出版社共同策划的"中小学数学课程国际比较研究丛书"就是一个开端和尝试。

中小学教师有很好的教育教学实践基础,其中有一批教师教学经验丰富、实践成果突出,但研究能力和学术水平还没有成长起来。我们将提供适合他们的研究课题,和他们一起开展实践与研究,比如最近我们就邀请了一批全国范围内的优秀教师和教研员,在数学思维教学方面开展研究,并计划录制一些专题的数学思维课程。可以预见,将来会有一大批数学教育专业研究者,他们是从中小学教师当中成长起来的。新青年数学教师工作室在这方面,可以作出更大成绩。

刘:谢谢您的鼓励,谢谢您接受我们的采访。

曹:感谢你们对我工作的大力支持,也感谢你们出版工作者对数学教育事业的贡献。

4 结语

对曹一鸣教授的访谈时间过得很快,许多问题还来不及展开。考虑到预约好时间的几个学生已在他的办公室门外等候,我们按计划结束了这次访谈。在近2个小时的访谈过程中,曹一鸣教授讲解了开展数学家访谈、数学教育家访谈工作的意义,介绍了数学课堂教学这一重要领域的研究情况和他所做的工作,并结合全国数学教育研究会的工作给出了加快青年数学教育工作者专业成长的许多良好建议。作为一名数学教育专家,曹一鸣教授在潜心学术研究的同时还为数学教育人才队伍建设付出了大量心血,令人敬仰。

注:访谈得到了曹一鸣教授的大力支持,整理成文后经曹一鸣教授审核确认。

参考文献:

[1] 新青年数学教师工作室.当代中国数学教育名言解读(新青年教师文库)[M].上海:上海教育出版社,2015.

[2] 曹一鸣,等.与数学家同行[M].南京:南京师范大学出版社,2015.

[3] 王树禾.数学演义[M].北京:科学出版社,2004.

[4] 张奠宙,宋乃庆.数学教育概论[M].北京:高等教育出版社,2009.

[5] 张奠宙.中国数学双基教学理论框架[J].数学教育学报,2006(3):1-3.

[6] 鲍建生,黄荣金,易凌峰,等.变式教学研究[J].数学教学,2003(1):11-12.

[7] 罗增儒.中学数学课例分析[M].西安:陕西师范大学出版社,2001.

[8] 王光明.重视数学教学效率,提高数学教学质量——"数学教学效率论"课题简介[J].数学教育学报,2005(3):43-46.

[9] 王建磐.中国数学教育:传统与现实[M].南京:江苏教育出版社,2009.

[10] 曹一鸣.教师专业成长中教学模式研究方略[J].继续教育研究,2005(4):135-137.

[11] 曹一鸣.从规限到自由:后现代教学模式的重构[J].继续教育研究,2005(6):110-113.

[12] 新青年数学教师工作室.当代中国数学教育流派(新青年教师文库)[M].上海:上海教育出版社,2014.

[13] 全国高师数学教育研究会2009年常务理事会纪要暨2010年学术年会第一轮通知[J].数学教育学报,2009(5):45.

[14] 叶志强.数学教育国际化的特点及启示——基于"中国首届数学教育研究方法培训会"[J].数学教育学报,2015(4):100-102.

14 喻平教授访谈录：数学教育实证研究及教师专业发展[①]

2017年4月，"2017年高中数学教师工作室协作体论坛暨'高中数学名师工作室丛书'启动仪式"在江苏省无锡市召开，南京师范大学博士生导师喻平教授受邀作了学术报告"数学核心素养的评价与教学"。在论坛间隙，张志勇老师访谈了喻平教授，访谈围绕数学教育实证研究及教师专业发展等话题展开。(以下访谈过程中，张志勇老师简称"张"，喻平教授简称"喻")

1 数学学习心理的 CPFS 结构理论

张：喻教授，非常感谢您能接受我的访谈。对于很多数学教育工作者而言，提起您必然会说到CPFS结构，所以我想我们的交流还是从CPFS结构开始吧。

喻：概念域、概念系、命题域、命题系合在一起就是CPFS(由概念、命题、域、系4个英文单词的首字母组成)，用以描述数学学习中学生特有的认知结构。自从2002年提出CPFS结构的理论框架以来，很长一段时间内，我的主要精力就是进行相关的实证和推广应用工作。关于此项工作的主要研究成果，都收录在《数学学习心理的CPFS结构理论与实践》(广西教育出版社，2008)这本书中。

张：您提出的CPFS结构可以说是填补了我国数学知识表征研究的空白，对数学知识的教与学具有广泛的指导意义。在我们新青年数学教师工作室编著的《当代中国数学教育名言解读》中，也特别对此做了收录。您当初是怎么想到这个结构的，能否做一个简要介绍?

喻：这个怎么说呢，其实是教学反思的结果。我曾经在中学教过很多年

[①] 张志勇.数学教育实证研究及教师专业发展——喻平教授访谈[J].教育研究与评论(中学教育教学),2018(7): 8-12.

书,教的过程中就发现很多问题。比方说,你讲一个概念,你觉得你讲清楚了、学生也听明白了,但学生拿到题目却经常一做就错。原因是什么?原因是他们对概念的理解往往是片面的。因为书上的定义只是从一个侧面揭示概念的内涵,一旦换一个角度描述同一个概念(实际上这两个定义是等价意义的不同形式),他们就会不知所云。所以我一直主张,学一个概念一定要多学几个等价定义,形成一个概念域,这样才能真正理解这个概念,包括命题也是。这些其实是我在中学教书时就有的想法,不是后来搞研究时灵机一动想出来的,那些没有教过书的人可能是想不到的,他们不知道学生问题到底出在哪个地方。

张:前几天在中国知网上检索了一下您的博士论文,很是惊讶,居然有近8000的下载量。现在听您这么一介绍,终于理解了,基于实践反思生长出来的理论建构当然有说服力,更有生命力。

喻:刚才我们说到,对同一个数学概念,可以从不同的侧面或不同的角度去刻画,于是一个数学概念的所有等价定义的图式就称为概念域;而数学概念之间往往存在弱抽象、强抽象或广义抽象关系,一组具有数学抽象关系的概念网络的图式就叫作概念系。当然,CPFS是个体对数学概念、数学命题的一种心理表征,或者说是个体头脑中的内化形式;个体的CPFS结构存在个别差异,是解决数学问题的知识基础,对解题效果有直接的影响。

张:那么如何优化CPFS结构,以改善学生的数学学习呢?

喻:现在很多学生完全按"套路"来学习,见过的题还能做,没见过的题就不会做,很难举一反三。就解题而言,CPFS结构很有用,按这个方式训练,学生成绩提高会很快;更重要的是,这样学习知识易理解、能迁移、可创新。我们曾经做过一系列的实证研究,发现个体的CPFS结构与问题表征、自我监控、知识迁移、问题提出等都有内在联系,良好的CPFS结构有助于数学学习。

至于如何优化学生的CPFS结构,可以运用生长教学策略进行教学:从数学知识的生长点出发,按数学知识的自然生长机理设计教学,让学生在头脑中生长出有序的数学知识网络结构;提供变式,巩固学生的CPFS结构中起固定作用的观念;引导学生反思建立畅通各个结点间的脉络联系,促使学生习得的数学知识在其头脑中呈现合理布局,形成层次分明的、有活性的、灵动的数学知识网络结构。

也可以采用自由回忆、结点连线、辨认推理、命题应用等教学策略,其做法是：给出一组概念或命题，要求学生依据概念之间的抽象关系或命题之间的推出关系在概念或命题之间连线；或者给出某个问题的条件，让学生去推测可能产生的结论；或者给出某个概念或命题，要求学生自编该概念或命题应用的问题。例如，在高一学生学习了函数概念"对应说"后，可以让他们自由回忆：请你尽量多地归纳出求函数定义域的方法。如果学生给出的结论越多，那么说明他们形成相应的新概念与其 CPFS 结构的联系越紧密。又如，在学生遇到了具体条件"已知二次函数 $y = ax^2 + bx + c$ 图像的对称轴方程为 $x = \frac{1}{3}$"时，可以让他们自由回忆：由此可以得到有关系数 a, b, c 的一些什么结论？学生对命题应用问题和自由回忆问题的回答可以反映出其对函数的有关性质及思想方法的理解。如果回答得越发散、开放，那么说明关于函数知识的新 CPFS 结构越完善。

2 数学教育研究中的实证研究

张：您刚才提到对 CPFS 结构理论做了很多实证研究。能不能说一说为什么要进行实证研究？

喻：在我当初提出 CPFS 结构时，它其实只是一种构想中的理论。这就至少需要证明两个问题：一是它到底存在不存在，如果不存在，就根本没价值，别人会说它是虚无的、缥缈的；二是它到底对学生的学习有没有影响，如果跟学生的学习没有关系，那么别人就不需要关心它。

要证明存在性很简单，只要用量表测试一下学生有没有这个结构，以及彼此之间有没有差异。比如，证明两条线段相等，你可以回忆出多少种证明方法？一个学生想出了很多，就说明他的命题系结构良好。再如，检测学生二次函数知识体系掌握得怎么样，可以给学生一个图像（抛物线），让他们看图后写出观察到的结果，可以写判别式，也可以写根与系数的关系。通过这个，就可以看出他们的知识体系。只要有差异，那么这个结构就存在。

第二个问题就比较复杂了，比如，CPFS 结构和认知结构、认知迁移、问题提出、问题解决等有没有关系，CPFS 结构很好是不是说明迁移能力很强等。我们做了一系列实证研究，在《数学学习心理的 CPFS 结构理论与实践》一书里写了很多:第二章就是采用实证方法验证 CPFS 结构的存在性和对学生数学学习的影响;第三章则是将 CPFS 结构理论用于教学实践,主要回答"应该怎么做"和"这样做的效果如何"。

张:在多数中小学教师眼里,开展实证研究是非常困难的事。

喻:中学教师做研究有想法、有实践,但缺少方法;他们多数不会实证,只是凭经验做事,凭经验做一些思辨。而只有从单一的思辨走向思辨与实证的结合,才能将我们的研究从表层分析转移到深层透视。这其中离不开多样化研究方法的应用,如调查、案例研究、测量、实验等。我们的关于认知负荷、数学建模认知差异的一些文章得到心理学界认可,在《心理科学》等专业杂志上发表,就是因为有扎实的实证研究的缘故。

真正的实证研究离不开统计检验,SPSS(Statistical Product and Service Solutions)是做研究必不可少的软件。为什么统计检验很重要,很多教师搞不明白。比如,你开展一项实验研究,结果实验班的成绩比对比班高出 5 分,但是这能说明什么呢?毕竟是小样本。这个实验能否推广?如果扩大到 5 个班、50 个班,你还能开展实验研究吗?显然纯粹做实验是有困难的。于是我们需要用样本的数据来估计总体的数据,但是估计可能会犯错误。在多大程度上会犯错误需要用概率来描述。我把概率定义成 0.05,如果计算出来的结果小于 0.05,那么我就敢说我这个实验是可以推广的:放在一个大范围内做实验,犯错误的可能性只有 5%。这就是统计检验。一做统计检验,就有了普遍意义,否则你的实验就没有推广价值。

张:上午您的报告中提及,对当下热门的数学学科核心素养做了一个实证研究。能否再作一下介绍?

喻:高中数学课程标准修订组的专家提出了数学核心素养的 6 个方面,即数学抽象、逻辑推理、数学建模、直观想象、数学运算、数据分析。但这样确定,多是基于思辨的研究、基于专家的理论见识,可能存在以偏概全的缺陷。于是我提出应当采用思辨提出框架、实证加以验证的方法,析取数学核心素养要素。

研究的基本思路为:(1)通过理论分析,采用专家讨论的方法,初步提出数学核心素养的基本成分;(2)根据初步提出的基本成分,编制数学核心素养问卷,选取小样本进行预测,修订问卷;(3)以中小学骨干教师为对象,采用大样本测试收集数据;(4)用统计方法作因子分析和聚类分析,析取数学核心素养的基本成分。事实上,我们通过因子分析和聚类分析得到的结果,与课程标准修订组专家的研究基本上是吻合的。

上午我的报告重点是,为学生学科核心素养的评价提供一个理论框架。既然数学核心素养产生于知识,那么评价的水平划分就应当从知识的角度切入。参照布卢姆模型、PISA(Program for International Student Assessment)模型和SOLO(Structure of Observed Learning Outcome)模型,给出一种数学核心素养划分的理论构想:将知识学习分为3种形态,依次为知识理解、知识迁移和知识创新。这3种形态本质上也反映了数学知识学习的3种水平。

3　中学数学教师的专业发展

张:喻老师,您刚才提到曾经在中学教了很多年书。能不能跟我们说说那段经历,特别是那段经历对您后来的学术研究有着怎样的影响?

喻:我在四川省西昌市第四中学做过8年教师,从初一一直教到高三,然后在高三留了2年。我在那个时候就开始写文章,发了好几篇(当时很少有中学教师写文章)。写文章其实主要是觉得很有兴趣,对教学也很有促进作用(那时中小学教师评职称并没有发表文章的要求)。后来觉得一直在中学待下去体现不出自己的价值,总觉得有点乏味,于是就想到考研究生。当然,也是从实际出发,觉得自己年龄偏大了,搞基础数学已经过了黄金期,于是就考了数学教育方向的研究生。

后来我提出的很多想法或者说理论框架,比如前面说的CPFS结构,其实里面都有着中学教学时期的积淀。那段时间经历了很多,积累了一些教学经验,当然也会发现很多问题,经历理论学习和思考后就会有一些想法;这些想法提出来后,可以解释很多现象和困惑,这样一上升就成了一种理论。做学问是要有灵感的,而灵感的产生需要有足够的积淀。我写的很多东西都是原创的,比如后来做的"信念",现在出了一本书《教学认识信念研究》(科学出版社,2016),拿了江苏省的教育研究成果一等奖。

有实践再有理论支撑,我觉得是研究者必须经过的一条路。如果没有这些经历,我后来恐怕不会出现这些想法。搞教育研究的人,如果没有教过书,其实存在一个短板(国外搞一般教育学研究的人,其实都是有学科背景的)。他们往往不知道学生问题出在哪个地方,而空泛思辨出来的理论不足以阐释数学教学现象及规律。这也就是说,数学教育研究要寻求理论概括与实践研究并行。

张:实践出真知,但对于很多中学教师而言,实践方面的优势难以发挥,他们写不出高质量的文章。

喻:可以写写经验总结类的文章,主题要适当小一些,比如对某个教学设计或者某堂课教学的总结。现在许多中小学教师写的论文,多属于经验总结类的文章。这类文章一般要考虑"是怎样做的""做的效果如何""为什么要这样做":"是怎样做的"可以介绍具体的做法,用案例作为论据,辅助说明论题;"做的效果如何"可以从认知或非认知的角度考查学生的学习情况,并且用适当的实证数据说明结论;"为什么要这样做"是将具体做法中的思想提炼出来,或用已有的理论对具体的做法给予解释。将这3部分组合,就构成了论文的基本框架,也就明确了写作的思路。很多一线教师在写作的时候,往往只论述"是怎样做的",而忽视后面两个问题的讨论,这样,文章的学术性很难提升。

张:现在中学教师教学任务都比较重。如何平衡教学与研究的关系,您能否提供一些建议?

喻:你说的是实情,对于中学教师而言,教学才是主业。人的精力毕竟有限,尤其是高中教师太苦了,整天都泡在解题里了,很难有时间。我觉得不宜也无须对普通教师都提搞研究的要求。当然,其中也有一部分教师非常优秀,他们是可以搞研究的,只不过还是要与高校研究者的研究方式相区分,因为大学教师更多的任务是思考问题。当然,就我个人而言,其实很大一部分精力还是放在教学中的,每年给研究生上课我都要重新备课、重写教案,因为教育的发展太快,你必须将最新的(包括国外的)成果加载进去。

我的研究走了这样一条路:数学教育硕士研究生毕业后,认真搞了2年纯数学的研究(图论方向),发了10篇文章。后来就没有继续了,因为感觉做不出什么大的成果,毕竟过了数学研究的黄金期了,当时只是想体验一下做数学的感觉(现在做教育的很多数学功底都不太好)。有了感悟,接下来就搞教育。搞教育一开始是全身心扑在实证上的(因为当时国内数学教育实证方面的研究文章真的很少,多是一些经验总结),当时做的都是一些偏心理方面的研究,包括我的博士论文。最近几年思辨研究做得比较多,思辨其实比实证层次要高,当然经验总结其实谈不上思辨。

现在回头想想，如果没有搞数学研究、做实证研究的基础(当时在心理学刊物上发了多篇实证类的文章，现在国内很多实证类的文章都是送到我这儿来审稿的)，那么现在也达不到思辨层面。主要还是哲学功底不够，学哲学其实不是学知识而是学思维，学了思维后才能出思想。

张：您曾在《中学数学教学参考》上连载了好几篇关于如何评课、数学教育研究方法及案例分析的文章，对中学数学教师开展教学研究有很好的引领作用。刚才您也提到了夯实教学、开展数学研究，这些对于中学教师都很有借鉴意义。对于开展课题研究、拓宽研究视野，您还能提供一些建议吗？

喻：我在《数学通报》上发表过一篇文章——《我国数学教育应当研究的若干问题》，对数学教育研究的基本情况做了比较系统的梳理和分析，从数学教育哲学、数学课程、数学教学、数学教学心理、数学教师专业发展等方面，提出了应当研究的 35 个问题。其中的每一个问题都值得好好研究，可以把它们作为所谓的课题研究的方向。据我所知，有中学教师结合其中一个问题，成功申报了省重点资助课题。

4　结束语

在近 2 个小时的访谈过程中，喻平教授就数学学习心理的 CPFS 结构理论、数学教育研究中的实证研究、中学数学教师的专业发展方向 3 个方面给我们做了详细解读。虽然时间匆忙，很多问题并未得到充分展开，尤其是如何进行理论概括、如何开展实证研究等方面，但是他的学术研究发展之路——从教学实践到理论构建，从实证研究到哲学思辨，以及他言谈举止中显现出的严谨治学的态度和追求，于我们而言，是一种启迪，更是一种鞭策。

注：本访谈整理成文后，经过了喻平教授的审核确认。

参考文献：

[1] 喻平. 数学问题解决认知模式及教学理论研究[D]. 南京师范大学, 2002.

[2] 喻平. 中国数学教师专业发展研究三十年的回顾[J]. 数学通报, 2009(7): 11-14.

[3] 喻平,单墫.数学学习心理的 CPFS 结构理论[J].数学教育学报,2003(1):12-16.

[4] 鲍红梅,喻平.完善中学生 CPFS 结构的生长教学策略研究[J].数学教育学报,2006(1):45-49.

[5] 李渺.试论个体 CPFS 结构与数学理解的关系[J].数学教育学报,2006(4):29-32.

[6] 喻平.数学学科核心素养要素析取的实证研究[J].数学教育学报,2016(6):1-6.

[7] 喻平.数学核心素养评价的一个框架[J].数学教育学报,2017(2):19-23,59.

[8] 喻平.数学教育论文写作及案例分析[J].中学数学教学参考,2005(7):15-17,23.

[9] 喻平.我国数学教育应当研究的若干问题[J].数学通报,2014(9):8-12,23.

15 张维忠教授访谈录：数学文化与数学课程教学改革[①]

史嘉(以下简称"史")：您好,张教授。告诉您一个好消息,我主持的 2013 年安徽省教育规划课题"'文化数学'理念下高中数学学习单的实践研究"已经顺利结题。感谢您为课题组写的贺词！

张维忠(以下简称"张")：再次祝贺！选题很好,可以继续做下去。

史：好的。这个选题受到您的著作《文化视野中的数学与数学教育》[1]一书的启发。记得您的导师王仲春教授阅读这本书时说您早在读硕士研究生时,就立志要攀登"数学文化与数学教育"领域的高峰。[2] 您是如何从众多数学教育研究领域聚焦到"数学文化与教育研究"的？

张：这要从我的求学背景说起,我曾在西北师范大学读本科、硕士、博士和工作(1986 年本科毕业,1992 年硕士毕业,1997 年博士毕业),后调到浙江师范大学工作。西北师范大学不仅数学教育优势明显,而且大教育整体水平很高,教育部人文社科重点研究基地(西北师范大学西北少数民族教育发展研究中心)以及教育部基础教育课程研究中心也都设立在西北师范大学。当时我周围的教师和学生大都是从文化的视角切入进行教育研究,那时还没有提到"数学文化与数学教育研究",只是从文化视野进行数学教育研究。

1 "数学文化与数学教育"研究领域的选择与相关研究

张：现在谈到什么是课程,有很多回答。有一种说法,课程本身就是一种文化的选择,是传递文化价值的一种过程。人类的文化那么丰富、那么浩瀚,所以课程要精选。那时我身边的教师和学生大都是从文化的视角切入进行大教育

[①] 史嘉.访张维忠教授：数学文化与数学课程教学改革[J].中学数学教学参考,2018(1/2)：134-137,142.(本文被人大复印报刊资料《高中数学教与学》2018 年第 4 期全文转载(头版))

的研究,如少数民族教育、多元文化与双语教育等。我是数学系毕业的,所以就选择了"数学文化与数学教育"这个研究领域。我开始写博士论文时,也没有提到数学文化,主要是强调文化视野,从文化视野分析数学是一种文化,用文化学的手段来研究数学课程。[3]

当时选题的背景和现在不一样,现在数学文化貌似已经成"显学"了。我于1994年发表在《教育研究》上的论文《论数学文化研究及其对数学教育研究的启示》[4]才刚刚评价到数学文化与数学教育研究。直到1997年,这部分内容的研究还没有引起人们的注意。回过头再看,很感慨的是当时选取这个博士论文(《文化视野中的数学与数学课程的重建》)来做,是由于发现这个选题具有很好的前瞻性。以此为基础,1999年在上海教育出版社出版了《数学文化与数学课程》(本书于2006年被评为教育部第三届全国教育科学研究优秀成果奖三等奖)。

现在很多硕士生、博士生,包括像你一样的年轻学者,选一个题目做研究的时候,需要考虑这个题目的研究方向是不是有很大的发展前景。这个选题我做了20多年,一直在沿着这个方向做。这样才能使得这项研究比较有系统性,或者产生一定的影响,别人看到你的名字就知道你是做这个方向研究的。所以,你们一方面要发表论文,同时也不要变成发表论文的机器,要有自己的思考,要有自己研究的专属领域。

史:谢谢您的点拨!刚才您提到《论数学文化研究及其对数学教育研究的启示》,我记得这篇论文已经论述了数学文化与数学教育研究的必要性,研究的内容、方法,包括数学文化与数学教育研究的发展方向等。尤其是最后谈到了从数学文化视角看待数学教育及其研究,会越来越受到人们的关注。[4]

张:对,这个研究是比较早的,当时很多人还没有认识到这个研究的重要性。高中数学课程标准最初是2001年才开始注重数学的文化价值,2003年才正式提出这个问题。可见,我们的选题具有很好的创新性和前沿性。

史:您20多年一直执着于自己的学术领域,非常难能可贵。我们更期望了解您日常的教学与研究。记得您写过一篇博客文章,认为"从案例出发切入数学教育研究是一条很好的路子",并呼吁"大家都来努力吧"。

张:这也是我们前几年观察到的一个重要情况:数学文化与数学教育的研究具有"两张皮"现象,理论上拔得很高,但中学教师不知从哪里做,不确定是不是每节课都要有数学文化的渗入,感觉很难。我们于2008年在《浙江师范大学学报(自然科学版)》发表了一篇论文,把当时已经发表的数学文化与数学教育案例做了归纳,从文献上看这些案例是怎样的一种类型。我们认为中学教师沿着这个思路从事数学文化与数学教育的研究比较脚踏实地,与教学结合起来研究,不仅能提高自己的教学水平,还能提高升学率,更能把教师自己的专业成长和学生的数学综合素养都关照起来。[5]

史:案例研究是一个好的抓手。

张:对,是一个好的抓手,好的切入点。与之相关但不完全相同,做得比较好的,比如华东师范大学汪晓勤教授的数学史与数学教育研究,他们也做了一些数学文化与数学教育的案例,特别是数学史与数学教育的案例做得非常多,建立了案例库,最近汪晓勤教授撰写的基于他们团队研究的新书《HPM:数学史与数学教育》[6]也出版了。而我们的案例研究后来有点中断,因为我们后来将研究重心转入到多元文化数学与数学课程的研究。

2 数学文化进入高考与数学课程

史:我们注意到近几年数学文化已经进入高考试卷,如之前的湖北卷、现在的全国卷等。据调查,高考压力是阻碍数学文化进入中学数学课堂的主要因素,但高考又是最强有力的指挥棒。[7]高考考查数学文化对高中数学课堂教学会有怎样实质性的影响?

张:我也注意到您和其他教师分析了这几年渗入数学文化的高考题。[31][32][33]特别明显的是湖北卷,这两年湖北省使用全国卷,之前湖北省自主命题12年,数学文化特色非常鲜明。最近我也让一位研究生做这个事情,对高考数学湖北卷中的数学文化试题进行分析。

关于数学文化渗入高考试题,有人会把它给倒过来,认为高考考了数学文化,所以教学中要教数学文化。其实,应该是因为数学文化在数学与数学教育中很重要,在培养学生方面很重要,所以高考才考数学文化。

史:哦,是这样。我们一般都认为是借助高考推动数学文化进课堂的。

张:你可以看看2017年自主命题的浙江卷第11题(下附原题),刘徽的割圆术。这道题从数学史和数学文化研究的角度看,甚至都没有考查到数学史与数学文化知识,明显就是贴标签,感觉牵强附会。

2017年高考数学浙江卷第11题:我国古代数学家刘徽创立的"割圆术"可以估算圆周率π,理论上能把π的值计算到任意精度。祖冲之继承并发展了"割圆术",将π的值精确到小数点后七位,其结果领先世界一千多年。"割圆术"的第一步是计算单位圆内接正六边形的面积S_6,$S_6 = $ _____。

我们国家2016年发布的《中国学生发展核心素养》,要求各科课程标准要以核心素养思想为出发点去做,高中数学核心素养有6个方面——数学抽象、逻辑推理、数学建模、几何直观、数学运算和数据分析。以后考试会有很大的变化,高考会考查过程,看你有没有把一个具体的问题抽象并归纳出来,能不能数学建模,能不能将里面的数学文化因素提取出来,而不是像2017年高考数学浙江卷第11题那样再现出来,后者反映了高考命题人员不具备这方面的素养,而且对数学史和数学文化的认识不到位。

史: 嗯,我与张奠宙先生聊过数学文化进入高考的话题,张先生也表达了现在一些命题人不会命制有关数学文化的高考试题的观点。

张: 高考如何考查数学文化确实需要好好研究。我也看到了一些中考题考查数学文化,浙江省温州市教研员黄新民研究过,中考题里有一些数学文化试题命制得很巧妙,比如数学文化和几何直观等数学美。命制一道好题目是很难的事情。我认为未来考试会更加强调理解,而不是记忆得比较多、反应快速就能取得好成绩。因为,未来的高考会加强对学生核心素养的考查,就是看你能不能根据具体的事实,进行归纳、概括、分析,等等。

这方面,世界经济合作与发展组织(OECD)统筹的PISA试题(国际学生评估项目)可供我们参考。北京师范大学曹一鸣教授等学者翻译的《数学素养的测评——走进PISA测试》[8]一书,里面有很多PISA测试的题目,特别强调问题的真实情境。我们现在的中考、高考和平时的教学,都把这个情境剥干了,都是纯数学的东西,而PISA很多测试题要求把数学放到情境中去。最近,南京师范大学喻平教授的《数学核心素养评价的一个框架》强调,未来考试会在信息技术下有一些真实的情境。[9]一个问题放到真实情境中就比较难了,比如,考查勾股定理或锐角三角函数,如果是简单的数字计算那么就很简单。若设置情境:气球离地面300 m,拉气球的线和地面的夹角是45°,问多长的绳子能把气球拉住,就有些难度。

史：这就有一个提取信息和建立模型的过程。

张：对，以后的考试会注重考查过程，就看你能不能把生活情境或其他场景转化为数学问题，能不能抽象和建模。《基于数学文化的教学模式构建》的另一位作者徐晓芳老师，她附了一个数学归纳法的例子发表在《中小学数学》，具体说明这个模式怎么用，可以参阅文献[10]、[11]。

史：听您这么分析，我突然感觉"数学文化"应该是"完整的数学"，不仅包括数学家研究的丰富成果，而且还包括研究的曲折过程，尤其是研究过程中所使用的方法、思想和求真的精神。但到底什么是"数学文化"，好像2003年高中数学课程标准也没有具体的概念界定。有学者认为，数学课程标准里的"数学文化"内涵不明确，内容的设置也存在问题，如"数学史选讲"形同虚设。[12][13]请您介绍一下新版教材对数学文化的要求以及具体落实情况。

张：数学文化第一次被写进高中数学课程标准是2003年，课标中始终没有回答什么是数学文化，只是强调数学文化的价值，并没有给出界定。南开大学顾沛教授给出的界定非常宽泛；内蒙古师范大学代钦教授发表在《数学通报》上的《释数学文化》[14]，把数学的定义和文化的定义放到一起界定数学文化，大家也不太好接受，目前还未能得到广泛认可。

我们在研究时对它做了模糊化处理。国内有人从数学史的角度解释数学文化，如辽宁师范大学王青建教授；有人从数学哲学的角度来解释，如陕西师范大学的黄秦安教授；我们则主要是从数学教育的角度，还是理解为狭义的数学文化。当然，知识、数学史都包括在数学文化中，没有知识和数学史，数学文化就没有载体。但数学史肯定不是数学文化的全部，我们还是关注隐性的，能够体现文化的那部分，虽然没有清晰的界定，但也不妨碍我们做研究。有人说，数学文化是个筐，什么都能往里装。但要真做研究，还是要能拿出一个可操作性的界定，比如你们研究高考中的数学文化试题，总要界定好什么是数学文化试题，什么不是。

史：看来数学文化概念的多元理解也恰恰体现了数学文化的多元性。在整理您的论文时，发现您特别关注国外数学课程与教材中数学文化的运用。根据您的对比分析，我们有哪些可以借鉴之处？请您介绍一下这方面的研究。

张：《国外数学课程与教材中的数学文化》[15]是我关于这方面研究的一篇论文，2011年发表在《外国中小学教育》。当时写《数学文化与数学课程》时就看到国外的一个教材当中有数学文化的内容,这篇论文只是做了一些介绍。华东师范大学汪晓勤教授的团队在《数学教育学报》介绍了美国杂志《数学教师》上发表过的数学文化方面的题材[16];我的同事唐恒钧老师、陈碧芬老师等在数学课程中的多元文化方面也做了很深入的研究[17][18]。

在这方面,西方国家比我们关注得早,他们的文化多元化,强调文化的多样性,强调文化的差异性,不仅反映在数学课程上,在其他学科教材上也一样[19][20]。这一点和《中国学生发展核心素养》的要求有一些关联,核心素养强调培养学生的跨文化交流能力,或者增强学生国际交流的能力。这个能力在课程里很重要,核心素养已经做了强调与落实。比如外语的学习,就把跨文化交流的能力放到核心素养第一条(数学课程中应该也有,但不会像外语课程这样重要)。现在学校数学课程包括教学存在的最大问题就是没有与学生的文化相关联,数学教材中也可有世界各个民族的数学文化,通过数学教材和数学教学培养学生的国际视野——对世界各个民族文化的认识。这方面我们做得比较少,按道理应该有少数民族的教材。希望在数学课程改革和教材编写时,更加全面地理解数学教育中的文化多样性,挖掘数学多元文化素材,并以显性与隐性相结合的方式将数学的文化多样性呈现在教材中[21][22][23]。目前我们做得远远不够。

3 数学文化与数学课程教学研究的典范与前景

史:正所谓"他山之石,可以攻玉",期待新版教材有较好的借鉴和体现。教育界似乎有"中学教师理论上不来,高校教授理论下不去"这种研究脱节现象,数学文化研究更是如此。如何使高校研究与初中、高中数学文化教学有机地衔接起来,这是个非常有价值的课题。您如何看待目前的合作,又该怎样合作研究?

张:我认为合作不够。数学文化研究,尤其是案例研究单靠中学教师的实力是做不到的,单靠大学教师也是做不到的,确实需要合作。但这种合作绝不是现在看到的,中学教师文章写好了,请高校教师看一下,帮忙发表等。这方面做得比较好的有汪晓勤教授的团队,他们在数学史与数学教育方面确实深入一线,大学教授、中学教师和教研员一起做事情。

我们这方面也有一些合作的典范,我觉得做得也是挺好的。比如我的学生李芳在《数学教学》2009 年第 2 期上发表的《数学文化的探究教学案例设计》[24]一文,单从作者看就是很好的合作,有一线教师、教研员、高校教师。背景是 2008 年浙江师范大学"送教下乡"校本教研活动,采用"同课异构"式的校本教研,课题是"数列的递推公式"。我们设计挖掘教材中例 2 的背景谢宾斯基三角形,这是分形几何中的典型例子,从谢宾斯基三角形出发,引导学生探究数列的递推公式。因为渗透了数学史与数学文化,又借助"几何画板",学生的参与度很高,数形结合与数学建模等思想体现得很充分。我认为这次合作非常有效,有数学文化和计算机辅助教学,又强调数学建模。这样的研究不但进行了合作,而且有合作的结果,如此形成的论文,仅凭一线教师写不出来,大学教授也写不出来。这样的合作对我们研究的带动作用是非常大的。但现在基本都没有真正的合作。

史: 正如您所说的,许多合作都不是真正合作,基本都是"形合之作",甚至直接挂名,即"不合之作"。而"数列的递推公式"那节课是比较深入的合作,真正做到"既合又作"。我看到您在《数学教育中的数学文化》[25]一书中用到了这个例子。

张: 是的。书里只用了一部分,不是全部,案例是有前因后果的。案例是连接课堂教学与高校研究的桥梁。你讲很多理论别人是感受不到的,你通过一个例子一讲,别人才明白,哦,原来可以这样做。案例能验证和提升理论,理论能加速教师的专业成长。

史: 最后,特别想请您谈谈数学文化与数学教育研究的前景,以及当前最新的研究动态和趋势。

张: 我也谈不出什么了,哈哈。2011 年我们写过一篇论文《我国数学文化与数学教育研究 30 年的回顾与反思》[26],这是为一套"中国数学教育研究 30 年"丛书而写的。论文中的预言,和现在提的数学文化与数学教育的研究、数学核心素养的落实,包括十八大提出的"立德树人",加强中小学生道德品质教育,反复强调育人,等等,基本是一致的。从落实立德树人与核心素养这个角度来说,数学文化与数学教育研究的前景非常广阔,而且意义非常重大。去年给《中学数学教学参考》写过一篇卷首语《民族数学与学生理性精神培养》[27],说的是从民族数学谈学生理性思维的培养,民族数学与数学文化是紧密关联的。理性思维的培养其实是跟我们当前的核心素养的培养结合在一起的,这是数学文化研究的最大动机。研究前景是以数学文化作为切入点,和国家总的发展战略立德树人、育人战略、核心素养等进一步结合起来。通过数学文化与数学教育的研究可以实现知识的综合,我认为可以把数学哲学、数学史、数学德育以及课程等进行一个整合。数学文化是一个很好的切入点。

另外,您可以关注一下南京师范大学喻平教授,最近他在《课程·教材·教法》和《数学教育学报》上发了一系列论文,在谈构建数学核心素养的几个指标时,他就提到数学文化,这和教育部公布的"六个方面"不太一样,他觉得核心素养里要加上数学文化。[28][29][30]您可以参考一下。

史:好的。谢谢张教授的指引。谢谢您接受我们的采访!

张:谢谢您对数学文化与数学教育研究的热爱,也谢谢您对我和我的团队以及浙江师范大学的关注。

4 结束语

对张维忠教授的访谈,时间过得很快,这或许也是相对论的通俗例证。在近一个半小时的访谈中,张维忠教授从"数学文化与数学教育"研究领域的选择和相关研究,到数学文化进入课标、进入高考以及对数学教材编写的影响,包括对国外教材中的数学文化借鉴,再到中学与高校教师的合作研究,最后结合当前课程改革现状指出数学文化与数学教育研究的方向。访谈中,张教授立足自己的领域,广泛联系对比国内其他教授和团队的研究,旁征博引,使我们深入理解"数学文化与数学教育"的研究,同时更清晰地了解到整个数学教育的研究现状,令人敬佩,再次感谢!

注:访谈得到了张维忠教授的大力支持,整理成文后经张维忠教授审阅。

参考文献:

[1] 张维忠. 文化视野中的数学与数学教育[M]. 北京:人民教育出版社,2005.

[2] 王仲春,读《文化视野中的数学与数学教育》有感[J]. 数学教育学报,2006(1):102.

[3] 张维忠.数学文化与数学课程[M].上海：上海教育出版社,1999.

[4] 张维忠.论数学文化研究及其对数学教育研究的启示[J].教育研究,1994(3)：53-56.

[5] 张维忠,徐晓芳.基于数学文化的教学案例设计述评[J].浙江师范大学学报(自然科学版),2008(3)：247-250.

[6] 汪晓勤.HPM：数学史与数学教育[M].北京：科学出版社,2017.

[7] 史嘉,徐章韬.关于教师评价"数学文化高考题"的网络微调查——以2014年高考湖北卷理科数学第8题为例[J].数学通讯,2015(5)：8-12.

[8] [澳]凯·斯泰西,[澳]罗斯·特纳.数学素养的测评——走进PISA测试[M].曹一鸣,等译.北京：教育科学出版社,2017.

[9] 喻平.数学核心素养评价的一个框架[J].数学教育学报,2017(2)：19-23.

[10] 张维忠,徐晓芳.基于数学文化的教学模式构建[J].课程·教材·教法,2009(5)：47-50,70.

[11] 徐晓芳,张维忠.基于数学文化的教学模式构建——以数学归纳法为例[J].中小学数学(高中版),2010(7)：5-7.

[12] 中华人民共和国教育部.普通高中数学课程标准(实验)[M].北京：人民教育出版社,2003.

[13] 陈克胜,代钦.融入还是包容——关于《普通高中数学课程标准(实验)》中的"数学文化"的思考[J].数学教育学报,2011(5)：90-92.

[14] 代钦.释数学文化[J].数学通报,2013(4)：1-4.

[15] 张维忠.国外数学课程与教材中的数学文化[J].外国中小学教育,2011(7)：57-60,35.

[16] 田方琳,汪晓勤.美国《数学教师》上的HPM内容分析[J].数学教育学报,2016(8)：42-45.

[17] 唐恒钧,张维忠.国外数学课程中的多元文化观点及其启示[J].课程·教材·教法,2014(4)：120-123.

[18] 张维忠,陈碧芬,唐恒钧.多元文化数学课程与教学研究述评[J].全球教育展望,2011(6)：84-90.

[19] 张维忠,陆吉健.基于文化适切性的澳大利亚民族数学课程评介[J].课程·教材·教法,2016(2)：119-124.

[20] 唐恒钧,张维忠,李建标,等.澳大利亚数学教材中的数学文化研究——以"整

数"一章为例[J].数学教育学报,2016(6):42-45.

[21] 张维忠.文化传统与数学课程改革[J].教育研究,1996(5):63-67.

[22] 傅赢芳,张维忠.对数学课程中有关数学文化的思考[J].数学教育学报,2005(3):24-26.

[23] 张维忠,孙庆括.多元文化视野下的数学教科书编制问题刍议[J].全球教育展望,2012(7):84-90.

[24] 李芳,马玉斌,张维忠.数学文化的探究教学案例设计——数列的递推公式[J].数学教学,2009(2):8-11.

[25] 张维忠.数学教育中的数学文化[M].上海:上海教育出版社,2011.

[26] 张维忠,孙庆括.我国数学文化与数学教育研究30年的回顾与反思[J].当代教育与文化,2011(6):41-48.

[27] 张维忠,陈碧芬.民族数学与学生理性精神培养[J].中学数学教学参考(上旬),2016(5):卷首.

[28] 喻平.数学学科核心素养要素析取的实证研究[J].数学教育学报,2016(6):1-6.

[29] 喻平.发展学生学科核心素养的教学目标与策略[J].课程·教材·教法,2017(1):48-53.

[30] 喻平.数学核心素养评价的一个框架[J].数学教育学报,2017(2):19-23,59.

[31] 梅磊,史嘉.例读数学文化融入高考试题的意义和途径[J].中学数学教学参考(上旬),2015(1/2):16-20.

[32] 仓万林,史嘉.随风潜入"卷"润"题"细无声——谈湖北高考题的文化韵味及教学建议[J].数学通报,2015,54(6):46-50.

[33] 仓万林,史嘉.漫谈高考数学试题的文化情怀与教学渗透——以2008至2014年湖北高考为例[J].数学通讯,2014(Z4):78-81.

16 汪晓勤教授访谈录：中国特色的 HPM 理论
——将数学史融入数学教学[①]

1 前言

自国际数学教育委员会(简称 ICMI)1908 年成立,至今已有 100 多年的历史。随着数学教育研究领域的不断拓展,ICMI 于 20 世纪 70 年代相继成立了数学史与数学教育关系国际研究小组(International Study Group on the Relations between History and Pedagogy of Mathematics,简称 HPM)和数学教育心理学国际研究小组(International Group for the Psychology of Mathematics Education,简称 PME)等组织。HPM(将数学史融入数学教学)已经发展成为一个十分活跃的国际数学教育研究领域,国际 HPM 会议作为国际数学教育大会(ICME)的卫星会议每 4 年召开 1 次。国际 HPM 组织还办有官方期刊 *HPM Newsletter*,每年春、夏、秋季各出版一期。法国数学教育研究组织发起的欧洲暑期大学(European Summer University on the History and Epistemology in Mathematics Education,简称 ESU)是 HPM 领域另一国际性会议,与国际 HPM 会议每隔 2 年交替举办。

2000 年,第九届国际数学教育大会 HPM 卫星会议(HPM-2000)在中国台湾地区台北市举办。为迎接这届盛会,台湾师范大学洪万生教授及其团队于 1998 年开启了他们的 HPM 研究。洪万生教授及其团队的 HPM 研究成果,集中展现在台北市的《HPM 通讯》上。

在中国大陆,早在 20 世纪上半叶,F·克莱因的有关 HPM 思想就已传入。老一辈数学史家钱宝琮先生倡导数学史服务于中学数学教学。但是,直到 2005 年第 1 届全国数学史与数学教育会议的召开,国内 HPM 研究才正式拉开了序

[①] 陈飞.中国特色的 HPM 理论：将数学历史融入数学教学——汪晓勤教授访谈录[J].中学数学教学参考,2019(7)：7-12.

幕。华东师范大学汪晓勤教授及其团队是国内 HPM 研究的佼佼者,短短 10 多年时间,他们已发展出一套具有中国特色的 HPM 理论。有学者对 1992—2015 年《数学教育学报》论文高频作者进行了统计[1],汪晓勤教授总被引量、篇均被引量均位列前茅,《HPM 研究的内容与方法》[2]一文被引更是高达 99 次,华东师范大学 HPM 研究团队正在引领国内 HPM 理论与实践。此外,华东师范大学 HPM 研究团队还走出国门,先后参加了 ESU-7 和 HPM-2016,汪晓勤教授分别作了"中国大陆的 HPM 概观""基于数学史的问题提出"的报告,向世界介绍中国大陆 HPM 研究的理论与实践,标志着中国大陆 HPM 研究开始走向世界。2017 年 11 月汪晓勤教授《关于数学史教育价值分类模型的实证研究》[3]一文发表在 SSCI 期刊 *Science & Education*,文章首次提出 IHT(Integrate the History of Mathematics into Teaching,中文意思为将数学历史融入教学),标志着中国特色 HPM 理论的形成。

长沙师范学院陈飞老师读研究生期间有幸听过汪晓勤教授的报告,之后与汪晓勤教授又有书信往来。参加工作后恰逢汪晓勤教授到陈飞老师曾经任教的中学指导教学工作,陈飞老师因此成为华东师范大学 HPM 研究团队的一员。2017 年 12 月,华东师范大学第五届 HPM 教学研讨会在杭州召开,会议期间,陈飞老师就中国大陆 HPM 研究的缘起和历程、内容与方法、愿景等主题对汪晓勤教授进行了访谈。(以下陈飞老师简称"陈",汪晓勤教授简称"汪")

2 关于 HPM 研究的缘起和历程

陈:汪先生,您现在是华东师范大学的教授、博士生导师,并担任华东师范大学教师教育学院的副院长,兼任全国数学教育研究会副理事长。您在 HPM 领域取得了非常显著的成就。您能谈一谈您的求学经历和工作经历以勉励后学吗?

汪:我在杭州大学数学系读本科,接着读研究生,没有任何师范背景。硕士研究生阶段师从沈康身先生,研究方向是中国数学史。当时做研究就是为历史而历史,基本的研究方法是文献考据、古算复原。因此,常常整天泡在图书馆读古书。

1991 年,硕士研究生毕业后,到了某师范大学数学系工作。当时,学校有一个政策,新来的年轻教师必须下基层锻炼 1 年。等到去了一所乡下的中学,才发现,那里不缺数学教师,而是缺一名物理教师,于是被安排教高一物理。第一节课我给学生讲阿基米德的故事,学生很喜欢,科学史派上了用场。正是在支教的那一年里,我渐渐学会了教书。

接下来,我在大学里给本科生上了一年高等数学。1996 年,考取中科院自然科学史研究所博士。在中国科学院自然科学史研究所读博士期间,将近三分之一时间在北京图书馆(现国家图书馆)看书。每天一早,骑上导师借我的自行车,一路狂骑,花 50 分钟到达图书馆,赶上开馆时间。为了节约点滴时间,中饭会选择简单地吃碗方便面,然后一头扎进书海之中。到了闭馆时间,骑车返回研究所。

陈: 您现在的 HPM 研究横跨小学、初中、高中、大学各阶段,并且游刃有余,我想这与您曾经从事中学数学、大学高等数学教学工作有关。众所周知,李俨、钱宝琮先生是中国第一代数学史家,您的导师沈康身和何绍庚都是师从钱宝琮先生的,如果按照学术传承来说,您应该算是中国第三代数学史家。可以说您这个辈分是很高了。博士毕业后,您应该会继续从事 HM(纯粹数学史研究),后来却从事 HPM(应用数学史)研究,有何机缘?

汪: 我在读博期间已经开始关注 HPM。1997 年,我在《成人高等教育》上发表《函授课程"数学史"教学之针对性》,可以算得上是第一篇真正的 HPM 论文。但围绕学位论文所做的研究与数学教育无关。1999 年 6 月,我通过了中科院自然科学史研究所的博士学位论文答辩。所长刘钝先生希望我留下来继续从事数学史研究。但由于受人事关系的牵制,未能如愿。说起来真有点传奇的味道,当年原单位一纸协议书上的一个笔误,为我创造了去浙江大学做博士后研究的机会。2001 年出站,再次受惠于协议书上的那个笔误,经过努力,去了现在任教的大学。张奠宙先生告诫我:"你不能只局限在自己的研究兴趣上,还需要做数学教育研究。"我记得在华东师大求职的时候,有幸听了张先生给教育硕士上的一节 HPM 课,课上,张先生出示了 ICMI 研究丛书之一——《数学教育中的历史》,我向张先生借来此书,如饥似渴地了解国际上的 HPM 研究成果。在张先生的教导和影响之下,我的学术兴趣渐渐转向了 HPM。

陈: 您作为"科班出身"的数学史学者到师范大学从事数学教育,走上 HPM 研究也是顺理成章。当然,张奠宙教授的指引也起了较大的作用,他可以说是您走上 HPM 的引路人。您到华东师范大学后,重新开启了您的研究和工作生涯。能否谈谈您到华东师大后,早期的研究工作是什么?您是如何转向

HPM 研究的?

汪：也并非一开始就一帆风顺，从纯粹数学史到 HPM——也可称之为应用数学史，毕竟有一个过程。我到华东师大任教之前的学术研究主要是中国古代数学史和中外数学交流史，属于"为历史而历史"。

接下来是"为教育而历史"，做了许多教育取向的数学史论文，也就是梳理针对中小学数学的某个知识点的专题史。2002 年出版的《中学数学中的数学史》[4]，就是属于这方面的文献研究，其中涵盖了函数、代数、几何、概率等中学数学专题史。

在华东师大，我指导的学生都是教育硕士或数学教育方向的学术型研究生。给研究生上的课除了数学史，还包括数学教育研究方法、数学教育研究文献之类，而数学史课程，如果不结合数学教育，也不符合教育硕士的专业发展需求。因此，只有逼自己去读数学教育研究文献。常常去数学系阅览室复印 ESM(*Education Studies in Mathematics*)、*JRME* (*Journal for Research in Mathematics Education*)、*MTL*(*Mathematical Thinking and Learning*)等刊物上的典型文章，慢慢啃。这样，慢慢地走进数学教育领域。

数学史融入教学是数学教育研究的重要组成部分，也是 HPM 作为一个学术研究领域的必然要求。从国际 HPM 的发展历程来看，缺乏实证研究的 HPM 常常受到 PME 领域研究者的质疑。即使在今天，也不乏质疑的声音。研读数学教育文献、学习实证研究方法，都是为"融历史于教育"作准备。经过数年的积淀，我和研究生开始尝试作一些"将数学史融入数学教学"(IHT)的实践探索和相关实证研究。

至于 HPM 领域的研究方法，目前还是一个短板，亟待完善。

3 关于 HPM 研究的内容与方法

陈：汪先生，您在 HPM 上的研究成果十分丰硕。您的 HPM 理论与实践的研究正在引领着国内的 HPM 研究，能否具体谈一谈您在这方面的工作？

汪："引领"是远远称不上的，只能说较早开始做了一些探索。2005 年，我在第一届全国数学史与数学教育学术研讨会上做了题为"HPM 研究的内容与方法"的报告(后发表于《数学教育学报》)，报告中，我提出 HPM 研究的一个并不成熟的内容框架,包括教育取向的数学史研究、基于数学史的教学设计、历史相似性研究、数学史在教学中的运用等。一开始,我发表了几篇 HPM 视角下的教学设计,但并未付诸实践。数学史在数学教学中的运用,虽然课堂实践中一定存在,但是并没有公开发表的案例。第一届全国数学史与数学教育学术研讨会的组委会在全国范围内征集 HPM 案例,无果而终。历史相似性研究,我感觉这一块是很重要的,尽管国外学者并未将它作为一个方向。如果我们能够证实学生的数学学习或者概念认知过程具有历史相似性,那么正如美国数学史家和数学教育家 M·克莱因所言,历史就是教学的指南。因此,历史相似性研究对 HPM 来说是具有奠基性意义的。

近年来,随着研究的日益深入,原来的框架已无法涵盖所有的内容,我们确立了新的框架(图 7)。其中,课例开发和教师专业发展是研究的重心,目前的工作可用一个流程图来刻画(图 8)。

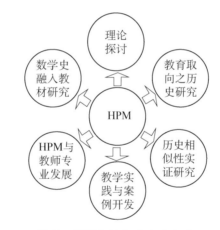

图 7　HPM 研究的内容框架

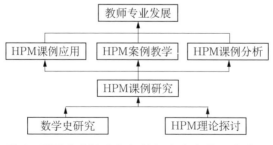

图 8　HPM 课例开发与教师专业发展研究流程

近年来,我和我的研究生与中小学一线教师开展密切合作,先后开发了数十个小学、初中和高中 HPM 课例。随着一系列课例研究的实施以及理论与实践的良性互动,逐步形成了一套 HPM 理论。该理论可以用"一、二、三、四、五、六"来概括。

一个视角。即 HPM 的视角。数学教学并无固定模式,HPM 也并非解决一切数学教学问题的灵丹妙药。但在许多情况下,这一视角的确不可或缺。比如,当数学知识在教科书中以逻辑顺序呈现,而逻辑顺序不符合学生的心理发生顺序,未能揭示知识的必要性时,就需要从 HPM 的视角来设计教学。再比如,要在数学教学中落实"立德树人"这一教育根本任务,HPM 的视角下的教学就能发挥独特的优势。但并不是说只要在课堂上讲一个故事,就算是采用 HPM 视角了。采用更高级的运用方式,方能界定为 HPM 视角。

两座桥梁。HPM 视角下的数学教学架起了两座桥梁,一座沟通数学与人文,一座沟通历史与现实。前者让数学课堂彰显人性的光芒和浸润文化的芬芳,有助于培养学生的必备品格;后者实现了历史顺序、逻辑顺序和心理发生顺序的统一,让数学课堂成为学生探究的舞台,有助于培养学生的关键能力。

三维目标。这里并非指通常所说的数学教学的三维目标,而是指教师专业发展的三个维度——知识、信念和能力。实践表明,HPM 课例研究有效促进了教师在这三个维度的发展。

四种方式。将数学史融入数学教学,有 4 种方式:附加式、复制式、顺应式和重构式。附加式是指讲述数学故事,点明知识背后的历史信息;复制式是指采用原汁原味的历史上的数学问题或方法;顺应式是指对历史上的问题或方法进行必要的改编;而重构式则是指借鉴历史,重构概念的发生过程或公式、定理的发现、探究、证明过程。

五项原则。将数学史融入数学教学,数学史料的选择必须遵循以下 5 项原则。趣味性:数学史材料能激发学生的学习兴趣和动机。科学性:数学史材料应符合史实,有可靠的文献出处,而不是胡编乱造,数学上也不能有错误。有效性:所选史料应有助于学生理解、掌握和运用相关知识,有助于教学目标的全面达成。可学性:所用史料必须符合学生的认知基础,易于为学生所接受。人文性:所选史料应与数学人物相关联,反映数学背后的人文精神;或反映数学与其他知识领域之间的联系,有助于揭示数学的文化价值。

六类价值。数学史融入数学教学,可以呈现知识之谐,展示方法之美,营造探究之乐,揭示文化之魅,提供能力之助,彰显德育之效。课例分析印证了6类价值的存在。[3]

陈:《HPM研究的内容与方法》一文是中国HPM理论的初次尝试,"一、二、三、四、五、六"框架则标志着中国特色HPM理论即IHT的形成。汪先生,与国外的HPM研究比较,中国大陆的HPM研究有何特色?

汪: 主要特色是"立足课堂,自下而上",这个特色从IHT这个简写词中也能看出来。仅仅思辨性地讨论数学史对教师和学生的价值(各种中文刊物上有很多这类文章),虽然本身有其学术价值,但毕竟是空洞的,无法夯实HPM的基础,也不能让HPM走远;仅仅局限于历史研究,虽然十分重要,但毕竟是瘸腿的,无法让HPM真正发展成为数学教育的一个重要学术领域。实际上,在进入"融历史于教育"阶段之前,我们只有一些零星的HPM碎片知识。IHT课堂实践则大大丰富了HPM知识,数学史材料不再是冷冰冰的陈列品;数学历史和教育现实不再是两个彼此隔离的世界;数学史对学生和教师的价值不再是苍白的思辨;历史相似性不再是争论不休的话题……

正如我刚才提到的,用"一、二、三、四、五、六"刻画的HPM理论正是在课堂实践基础上,自下而上形成的。与西方不同,我们的数学课堂有着明确的教学目标、清晰的重难点、严谨的教学环节,这决定了数学史的工具性是第一位的,目标性是第二位的,因而我们的HPM实践研究必然不同于西方。当然,我深信,民族的必定就是世界的。

陈: HPM案例开发是实证性的工作,需要大学教师与中学教师合作。能否谈一谈您是如何与中学教师合作做HPM实证研究的?

汪:《中学数学月刊》曾经向我约稿,我写了一篇《HPM的若干研究与展望》[5]。文章最后提到,需要建立大学教师与中学教师合作的模式去开发HPM课例。我在课例研究过程中发现,一线教师最大的困惑就是找不到文献资料。即使为他们提供了英文文献,也不能寄希望于他们去研读,并对有关材料进行裁剪和加工。他们希望有可以直接使用的材料。

我们不可能脱离数学教育现实去做HPM。不去中学看看,又怎知一线教师之不易:做不完的题目,改不完的卷子,比不完的分数,留给自己读书的时间少得可怜。让他们独立开发HPM课例,几乎是不可能的事情。

在合作模式之下,大学教师和研究生可以发挥数学史的学术优势、文献优势和语言优势。把教学设计过程中所需要的数学史料挖掘出来,将其呈现给中学教师。后者利用拿到的素材,按照自己的理解去做设计,再和我们做进一步交流。什么样的史料适合于教学,什么样的史料容易为学生理解,什么样的史料有助于更好地完成教学目标,教师心里应该是有数的,因为中学教师有着丰富的"内容与学生知识"(KCS)。我们常常邀请中学教师参加研究生讨论班,展示他们的教学设计,然后大家展开热烈的讨论。

陈:既然是实证研究,中学教师又参与进来,那么,HPM研究对教师专业发展定会帮助很大。能否谈谈这方面的例子?

汪:举一个例子。我以前带的一个教育硕士,她到上海某初中教了7年书,并且有一位特级教师师傅,教学基本功是很不错的,但在数学史上是零基础。修了"数学史与数学教育"课程后,她在日志中写道:"学了20几年的数学,教了7年的数学,原来对数学中那么宝贵的一角竟是如此陌生。"[6]后来她把我暑假里上课用的有关相似三角形的历史素材用于相似三角形的教学,学生很喜欢,对融入数学史的教学方式给予了很高的评价。自此,她经常性地将数学史融入数学教学,并且以"HPM视角下的初中代数教学"作为自己的毕业论文选题。短短几年间,在中学数学期刊上发表文章,在各类会议上做学术报告,成长为所在学校很有风格的一位教师。她教的班级成绩在同年级名列前茅(我一直深信,从较长一段时间来看,HPM有助于提升学生的学习成绩)。

为什么HPM教学实践能够促进教师的专业发展呢?以MKT(面向教学的数学)为例,数学史回答了"为何"和"如何"的问题(如:无理数是没有道理的数吗?三角形的内角和是如何发现的?),因而为教师提供了"专门内容知识"(SCK);数学史揭示了数学知识产生的动因,为教学提供了借鉴,所以丰富了教师的"内容与教学知识"(KCT);数学史呈现了前人概念理解的困难或概念发展过程中的认识论障碍,因而间接地丰富了教师的"内容与学生知识"(KCS);数学史沟通了不同数学主题之间的联系,丰富了教师的"水平内容知识"(HCK);而数学史料本身就是一种课程资源,构成了教师的"内容与课程知识"(KCC)。

我一直崇尚一种精神,就是"勤奋、领悟、协作、高效"。我们和中学教师合作,不只是为了自己的研究,而是在一个学习共同体中,共同成长。因为无论是大学研究者还是一线教师,HPM的实践知识都是十分匮乏的。这些年的课例研究表明，HPM对于一线教师的专业发展确实是十分有效的。对于年轻教师来讲，如果他希望找到一条专业发展的理想途径，那么HPM是不错的选择。同时，我和我的研究生也在不断成长。

不过，选择HPM要"脚踏两只船"：懂教育、懂数学史。教龄在3年之内的教师，我认为不太适合做HPM。什么样的人适合做呢？对教材、教学和考试都已经比较熟悉、讲台已经站稳了、所教学生的成绩不比其他班级差的教师。HPM乃是"温饱问题"解决之后的更高的教育追求。

陈：您刚刚谈到在课例研究过程中发现，一线教师最大的困惑就是找不到文献资料，我深有同感。我在您的个人主页上看到您独立或合作发表了260多篇文章，真可谓是著作等身。但是，这些论文毕竟散见于各种期刊，对于中学数学教师来说很难收集齐全，因而也不方便学习。若您能把这些论文系统整理，以论著的形式出版，对数学教师来说，肯定是一件大好事。能否谈谈您现在都有哪些著作？您将来的写作计划是怎样的？请您再推荐几本HPM的必读著作。

汪：你提的建议，真的非常好。我们大学图书馆里有数据库，进去搜一搜，都出来了。但中学教师可能没有这个条件。

我在2013年写了《数学文化透视》[7]一书后，即着手撰写《HPM：数学史与数学教育》[8]一书。原来计划是2014年出版，但清样稿出来后，自己一点都不满意，修改了多遍，拖了3年。该书只是为HPM研究搭了一个框架，无论是文献研究还是实证研究，都只是冰山一角。接下来计划整理各学段的HPM案例集。

关于HPM必读书目，我推荐福韦尔（John Fauvel）和冯马南（Jan Van Maanen）主编的《数学教育中的历史》（2000），这是目前国际上最好的HPM学术著作。

陈：汪先生，您还主编了一本内部刊物《上海HPM通讯》，您能谈一谈这本刊物的办刊和相关情况吗？

汪：中国台湾的洪万生先生早在1998年为了准备国际数学教育大会HPM卫星会议，创办《台北HPM通讯》（后改为《HPM通讯》），对台湾地区HPM的传播和学科建设起了很大的作用。我们创办《上海HPM通讯》，是受了台湾地区这本《HPM通讯》的启发。但我的初衷很狭隘，就是为自己的研究生提供一个学习和交流的平台,逼他们读文献、写论文、交流思想。栏目有"理论探讨""历史研究""教学实践""实证研究"等,基本上反映了HPM团队的最新研究成果。每一位HPM方向的博士生都必须参与编辑。目前,《上海HPM通讯》的传播范围很小,只有少数对HPM感兴趣的研究生或大、中学教师知道,也发给港、台地区的相关专业人士。《上海HPM通讯》上的每一篇文章,力求达到发表水平。希望该刊物能为更多的中学教师和数学教育工作者所知,也期待有朝一日它能成为正式发行的刊物。

4 关于HPM研究的愿景

陈:汪先生,您的HPM研究成果越来越丰富,如您前面所说,HPM对促进数学教学和数学教师专业发展大有益处。若是HPM能在每一个数学教师那里得到普及,对数学教育将是一件大好事。您认为应该做哪些工作来传播HPM?

汪:2012年,我应《中学数学月刊》主编徐稼红教授之约,写了一篇题为《HPM的若干研究与展望》[5]的文章,文中提出,要让HPM在中学生根、发芽、开花、结果,我们需要抓好"五个一":一门课程、一个论坛、一种模式、一批案例和一个团队。当年又创办了一本刊物——《上海HPM通讯》,所以一共有"六个一"。现在,"六个一"基本都实现了。

一门课程,指的是"数学史与数学教育",这门课我每年都会给全日制研究生和在职教育硕士开设。随着HPM课例的不断开发,目前我们基本上采用案例教学法。

一个团队,我们通常称之为HPM学习共同体,正在发展壮大之中,这个学习共同体在"六个一"中是最重要的。一个学科没有学习共同体,你单打独斗,孤芳自赏,怎能走远? 正所谓"一枝独秀不是春,百花齐放春满园"。

一个论坛,即一年一度的"HPM教学研讨会",已举行过5届,规模日益扩大,目前已经成为国内HPM领域的重要学术活动了。

陈:我从您的这"六个一"中受益匪浅。关于一门课程"数学史与数学教育",我在超星数字图书馆多次学习,您讲得是那样的生动有趣而内容又博大精深。此课程还被制作成音频放到喜马拉雅平台,点击率已经达到2.8万次,这真令人难以想象。您有没有想过让 HPM 走上荧幕,在电视、互联网等更大的平台上得到传播?

汪:HPM 登上电视、登上互联网确实是不错的传播方式。美国公共电视台(PBS)和英国国家广播公司(BBC)有一些有关数学史单元的录像带节目。阿波斯托尔(T. M. Apostol)教授的研究团队也制作了含有数学史成分、可以在课堂上使用的影片,并曾举办教师工作坊,参与教师在工作坊中提出的改进教学、激发学生学习兴趣的新想法。[9]

超星数字图书馆的课程"数学史与数学教育"是在我的实际课堂上拍摄制作而成的,时间是 2011 年,效果不理想,与"百家讲坛"节目的差距很大。不知什么时候,被转换成音频出现于喜马拉雅,我一无所知。看来数学教师对于 HPM 是有需求的,学校宣传部门也有朋友建议我录制有关数学史与数学文化的节目,但这一定是后话了。目前我更想做的事是制作一系列 HPM 微课,让 HPM 走进更多的中小学数学课堂。

陈:俗话说得好"一个好汉三个帮",我们再来谈谈华东师范大学 HPM 研究团队。

汪:我们的团队主要由研究生、中学数学工作室或 HPM 工作坊以及长期保持合作关系的其他一线教师组成。团队中已经出现了多位"教坛新秀""教学名师"。HPM 学习共同体对教师专业发展必将产生重要影响。

为了进一步扩大 HPM 学习共同体,我们目前已经建立一个 HPM 工作室,隶属于上海市数学教育教学研究基地。

陈:汪先生,您的研究形成了中国自己的 HPM 理论,拓宽了 HPM 的研究领域。您认为哪些 HPM 课题是将来要特别关注的?

汪:第一,HPM 与数学学科德育。立德树人是教育的根本任务,怎么在数学教学中落实立德树人?只是做卷子、比分数,能立德树人吗?"德育之效"是数学史的教育价值之一。我们要在数学课程里面实施学科德育,落实立德树人的根本任务,HPM 一定是必不可少的。

第二,HPM 与核心素养。数学核心素养是数学课程目标,HPM 视角下的数学教学也必须围绕这个目标进行。"能力之助"是数学史的另一类价值,这个能力包括核心素养。HPM 与核心素养之间的关系是未来重要研究课题。

第三,HPM 与教师专业发展。前面说过,HPM 课例研究可以有效促进教师的专业发展,但还需要进一步深入研究。目前,学术界已经开始关注 HPM 与 MKT 之间的关系。HPM 与教师的信念、能力等之间的关系,都是未来研究的重要课题。

第四,HPM 与技术。技术能够为 HPM 插上腾飞的翅膀。原原本本的历史虽然对于学生的学习十分重要,但是也可能因为过于艰涩而不符合学生的认知基础。通过技术来再现历史,既可以发挥数学史的多种教育价值,又不会增加学生的学习负担。故技术与 HPM 的结合,必将是未来的重要课题之一。

第五,HPM 与大学数学教育。我有时会收到一些高校年轻教师的邮件,说:"很烦恼,像我所任教的学校这样层次较低的高校,学生对数学毫无兴趣,所以课上得没劲。为什么你能够把高等数学上得那么有意思呢?"我和他们说,HPM 可以营造不一样的课堂。我相信,HPM 在大学数学教育中必将大有作为。

HPM 是一个内涵丰富、富有魅力、紧接地气、前景广阔的领域。我希望有更多的年轻学者走进这个领域,为中国的数学教育做出更大的贡献。

陈:第 14 届国际数学教育大会(ICME-14)将在中国上海召开。当年在申请 ICME 时,我们同时提出承办作为卫星会议的 HPM-2020。请问办好这次会议需要做哪些准备? 如何才能办好一场具有中国特色的高水平的 HPM 会议?

汪:目前国际 HPM 组织尚未确定 HPM-2020 的举办地,最终的决定要等到第八届欧洲暑期大学(ESU-8)上公布。如果由中国承办,那么我们希望国内研究者和一线教师能够向世界展示中国的高水平实证研究成果;我们也希望在继承历届会议议程的基础上,增加 HPM 课堂教学展示,让世界各地的 HPM 学者走进中国的数学课堂,了解中国特色的 HPM 课例研究,看到在中国课堂上数学史独特的教育价值。历届 HPM 卫星会议的规模都不大,我们希望中国的 HPM-2020 能够创造历史,为 HPM 的传播和进一步发展做出应有的贡献。

陈:期待在国际 HPM 会议上相聚!

注:ICME-14 因故推迟,中国澳门大学已取得了 HPM-2020 的举办权,也延期举办。

参考文献：

［1］彭上观.《数学教育学报》论文高频作者的特征研究——基于1992—2015年载文的实证视角[J]. 数学教育学报,2017(2)：96-100.

［2］汪晓勤,张小明. HPM研究的内容与方法[J]. 数学教育学报,2006(1)：16-18.

［3］Wang X Q, Qi C Y, Wang K. A Categorization Model for Educational Values of History of Mathematics: An Empirical Study [J]. Science & Education, 2017, 26: 1029-1052.

［4］汪晓勤,韩祥临. 中学数学中的数学史[M]. 北京：科学出版社,2002.

［5］汪晓勤. HPM的若干研究与展望[J]. 中学数学月刊,2012(2)：1-5.

［6］汪晓勤. HPM与初中数学教师专业发展：一个上海的案例[J]. 数学教育学报,2013(1)：18-22.

［7］汪晓勤. 数学文化透视[M]. 上海：上海科学技术出版社,2013.

［8］汪晓勤. HPM：数学史与数学教育[M]. 北京：科学出版社,2017.

［9］苏意雯,黄俊玮,陈静惠,等. 以数学史剧本设计引动教师专业成长之研究[J]. 台湾数学教育期刊,2014(2)：25-52.

17　徐斌艳教授访谈录：新时代数学教育展望[①]

2018年10月25日至28日，安英老师在华东师范大学参加第三届华人数学教育大会，利用会议休息时间对徐斌艳教授进行了专访。（以下访谈过程，安英老师简称"安"，徐斌艳教授简称"徐"）

1　新时代数学教育的任务与目标

安：徐教授，您好！金秋十月，国内外数学教育专家齐聚华东师范大学，参加第三届华人数学教育大会，共同见证"华东师范大学亚洲数学教育中心"揭牌，您和鲍建生教授作为中心副主任主持首次研讨报告。我有幸聆听了英国伦敦大学教育学院西莉亚·霍伊尔斯(Celia Hoyles)教授的报告"数字时代中数学教育的未来发展方向"，既有启发，也有疑惑。请问：徐教授，您如何理解当前数学教育的历史方位和时代定位？它的任务和目标是什么？

徐：这是一个很大的课题。对此，我只能谈谈个人的理解和思考。首先，从历史方位来看，数学教育作为人类活动的一个领域，已经有几千年的历史；但数学教育作为一门学科，也才刚刚跨越百年。古希腊哲学家和数学家毕达哥拉斯曾经提出"数是万物的本原"。20世纪60年代发生的"新数运动"，开启了数学课程发展的现代化进程。时至今日，随着计算机科学、人工智能的迅猛发展，我们已进入大数据时代，西莉亚·霍伊尔斯教授将其定义为"数字时代"。大数据给教育事业特别是数学教育的发展提供了前所未有的机会，同时也使教育事业面临前所未有的挑战。美国国家研究委员会数学科学委员会在《2025年的数学科学》报告中得出结论：数学科学在21世纪的发展机会令人兴奋，巩固其作为研究和技术的关键作用，保持核心力量，是数学科学生态系统的一个关键元素，对于其未来发展至关重要。

[①] 安英.新时代数学教育展望——访徐斌艳教授[J].中学数学教学参考，2019(31)：23-29.

从时代定位来看,伴随着全球化和国际化进程的加快,中国数学教育正走向世界,并迈入中国特色数学教育的新时代。所谓"特色",就体现在根本任务上,体现在"四基"教学上,体现在核心素养上。在新时代背景下,数学教育的根本任务是立德树人。"四基"教学是中国独创的,是对传统"双基"的继承与超越。《义务教育数学课程标准(2011年版)》增加了"基本思想"和"基本活动经验",将"双基"(基础知识、基本技能)扩展为"四基"[1]。核心素养是党的教育方针、社会主义核心价值观、素质教育、立德树人等一系列教育政策和思想的深化、具体化、明确化,是连接宏观教育理念、培养目标与具体教学实践的中间环节和桥梁。[2]

基于上述背景,新时代的中国数学教育应该呈现两个基本走向:一是由传统的"精英教育"转向"大众数学",更加注重人人都能获得良好的数学教育。数学素养是公民必须具备的基本素养,这也是国际趋势。《美国学校数学课程和评估的标准》就依据由工业社会向信息社会的过渡列举出数学教育的四项"社会目标":(1)具有良好数学素养的劳动者;(2)终身学习;(3)机会人人均等;(4)明智的选民。《人人算数》指出:先前只是对那些将从事科技工作的人所要求的数学上的高标准,现已成为信息社会中合格劳动者必要基础的核心成分。努力发展信息时代的数学教育,是摆在世界各国数学工作者面前的一项重要任务。

二是由单纯意义的"知识教育"转向"核心素养",更加注重数学教育立德树人的育人功能。在我看来,"立德树人"不应只是一个口号,而应是数学课程改革回应新时代的发展需求在数学育人上的一种责任担当。进入新时代,在深化教育改革的今天,更需要我们将社会发展的需求、学生成长的规律以及数学发展的特点紧密结合起来,更需要我们回归教育的本原问题——"培养什么人,怎样培养人",重新审视数学课程应有的富有时代性的育人价值和功能。正如史宁中教授指出的:"教育不仅要重视结果(知识),还要重视过程(智慧);不仅要重视学会,还要重视会学,重视核心素养的培养和达成。"[3]

根据这两大基本走向,数学教育的宏观目标至少有5个:一是把握生活实践,使数学成为个人生活和职业生活中的辅助手段、工具和交流媒体,为学生长大之后的生活做准备;二是认识数学文化,创立文化关联,保持数学日常文化的连续性,更有效地促进数学学习;三是加强全球化视野,引导学生放眼世界,在学科的世界(客观的)和学生的世界(主观的)之间"架设一座桥梁",使学生领会数学与世界的内在关系;四是提升日常思维能力,让学生在教学中亲身体验数学,将数学用作日常思维的"放大器",并且合理地使用这个"放大器";五是培养社会责任心,给学生充分的机会,对各自的学习过程承担责任,并加强师生之间、学生之间的相互理解和合作。[4] 为了达到上述宏观目标,我们必须根据时代的要求,将社会发展提出的宏观目标需要转化为能够具体落实的微观目标,并落实到具体课程教学中。数学教育应该使学生有合格的数学技巧和技能,以便当他们在生活与工作中面对真实的问题情境时,能够适当并正确地应用数学。另外,从个体学习者角度看,数学是一种能拓展个人潜力和能力的符号技术,个体不应满足于专门的数学知识,而是应该发展数学思维,发展创造力、想象力和批判能力等。

2 数学核心素养的内涵与测评

安:您是国内较早研究数学素养的学者,21世纪初曾主持上海市浦江人才计划资助项目"国际视野下中国学生素养指标设计",目前正在主持教育部人文社科重点研究基地重大项目"中国学生核心素养测评研究"。请您谈一谈对学科核心素养的理解。

徐:近些年,核心素养已经成为世界范围内教育理论、教育实践和教育研究等领域的重要课题之一。核心素养引领课程教材改革、教学方式变革、教师专业发展、教学质量评价等方方面面。

学科核心素养是当前世界各国共同关注的话题,也是我国基础教育改革所关心的问题。2017年版普通高中各学科课程标准有一个很大的亮点,就是明确地提出了学科核心素养这一概念。对于学科核心素养,首先我来援引官方的界定。《普通高中数学课程标准(2017年版)》指出:学科核心素养是育人价值的集中体现,是学生通过学科学习而逐步形成的正确的价值观念、必备品格和关键能力。个人理解,学科核心素养,就是学完一门课程以后应该在学习者身上留下的体现学科核心的育人价值的东西。学习数学未必要成为数学家,学习数学也并不意味着今后要直接应用数学。事实上,数学专业的学生和汉语言文学专业的学生必然具有明显的不同的素养,体现不同的品质和能力。

安：您认为数学核心素养的具体内涵是什么？

徐：20世纪中叶以来，数学素养逐渐成为人们关注的话题，特别是在国际经济合作与发展组织（OECD）自2000年开展国际学生评价项目（PISA）以来，更是备受重视。数学素养作为现代社会公民的基本素养，已经写进了我国《全日制义务教育数学课程标准（实验稿）》和《普通高中数学课程标准（实验）》。《普通高中数学课程标准（2017年版）》将高中阶段的数学核心素养定义为：具有数学基本特征的、适应个人终身发展和社会发展需要的人的思维品质与关键能力。基于此，将高中阶段的数学核心素养确定为数学抽象、逻辑推理、数学建模、直观想象、数学运算、数据分析六大核心素养。六大核心素养虽在内涵和外延上具有独立性，但在逻辑上却构成一个有机的整体。牛津学习中心提出：数学素养包括解决真实世界问题、推理和分析信息的能力；是一种理解数学语言的能力。数学素养是除语言素养外的第二个关键素养，对于学生理解专业术语、读懂问题尤为重要。

我认为数学核心素养的本质可概括为"三会"：一是会用数学的眼光观察世界，二是会用数学的思维思考世界，三是会用数学的语言表达现实世界。六大核心素养，即数学抽象、逻辑推理、数学建模、直观想象、数学运算和数据分析的养成将助力这"三会"。这六大数学核心素养，力图体现数学学科育人价值的根本性、关键性的构成。[5]此前，我与美国特拉华大学数学系蔡金法教授合作的论文《也论数学核心素养及其构建》[6]《关于数学素养测评及其践行》[7]中就提到数学核心素养的4个成分（数学交流、数学建模、智能计算思维、数学情感），与六大核心素养的本质是一致的。

安：您能否深入浅出地解释一下数学核心素养？

徐：那不妨讲个故事。数学教授甲去美发店理发。交流中，女理发师乙了解到甲是数学教授，于是打开话匣子告诉甲，她在小学时主要学习计算策略，数学成绩还可以，但到了高中阶段数学太抽象，让她无所适从，最后靠操作计算机得到相应的答案，数学成绩勉强及格。现在的工作已经不涉及数学了。教授甲听后非常感慨，因为数学远超乎计算机操作。虽然女理发师已经高中毕业，但却没能拥有期望的数学素养。尽管她不需要数学素养同样可以立足社会，但是她却不能够感受到数学带来的快乐。我们不能简单地以人们在生活中、工作中是否直接应用数学来断定，他们是否需要数学素养。就像人们不能因为自己不是记者或者作家就不需要写作和阅读一样,平常人也要读报纸、进行书面表达,否则将影响生活质量。数学素养是与阅读素养相当的,是每个人都应该拥有的品格与关键能力。对数学核心素养的培养更需要基于人的培养目标。

安:章建跃博士曾经谈到,数学教师的基本任务是帮助学生把一个个具体知识理解到位,并能用于解决问题。[8] 您能否举例说明如何在日常教学中培养学生的数学核心素养?

徐:发展学生的核心素养被看做是落实立德树人根本任务的一项重要举措。发展核心素养被提到了迎接世界教育改革发展趋势、提升我国教育国际竞争力的战略高度,如何培养学生的数学核心素养当然是一个很重要的问题。

那就以数学运算为例,谈谈我的一点看法。

数学运算是数学核心素养之一,其重要性毋庸置疑。虽然中学数学教学中练习量虽大,但是练习效果欠佳。在平时的训练中,教师要引导学生掌握基本的方法,淡化技能技巧,耐心指导学生,引导学生反思,从而提升学生的运算品质。以下是一节示范课中的一道例题的讲解过程。

例1 已知曲线 $y^2=x$ 与直线 $y=kx$ 围成的图形的面积为 $\frac{4}{3}$,那么 k 等于( )。

A. 1   B. $\frac{1}{2}$ C. ± 1 D. $\pm \frac{1}{2}$

授课教师请一名学生板演。

学生解答:由题意可得 $\begin{cases} y^2=x, \\ y=kx, \end{cases}$ 解得 (k^{-2}, k^{-1})。

① 当 $k>0$ 时,$S=\int_0^{k^{-2}}(\sqrt{x}-kx)\mathrm{d}x=\left(\frac{2}{3}x^{\frac{3}{2}}-\frac{1}{2}kx^2\right)\Big|_0^{k^{-2}}=\frac{2}{3}(k^{-2})^{\frac{3}{2}}-\frac{1}{2}k(k^{-2})^2=\frac{2}{3}k^{-3}-\frac{1}{2}k^{-3}=\frac{1}{6}k^{-3}$。

又因为 $S=\frac{4}{3}$,所以 $k=\frac{1}{2}$。

第一部分解完就可以下结论了,即根据图形的对称性得到 $k<0$ 部分的解,故选 D。这名学生在解答过程中还作出相应的图像。可是这位老师早已胸有成竹,知道如果学生要从解 $k<0$ 入手,必然容易掉入"陷阱"中,于是他另请一

名学生板演 $k<0$ 的情况。正确的解法如下:

② 当 $k<0$ 时,$S=\int_{0}^{k^{-2}}[kx-(-\sqrt{x})]dx=\left(\frac{1}{2}kx^2+\frac{2}{3}x^{\frac{3}{2}}\right)\bigg|_{0}^{k^{-2}}=\frac{1}{2}k(k^{-2})^2+\frac{2}{3}(k^{-2})^{\frac{3}{2}}=\frac{1}{2}k^{-3}-\frac{2}{3}k^{-3}=-\frac{1}{6}k^{-3}$。

又因为 $S=\frac{4}{3}$,所以 $k=-\frac{1}{2}$。

可是对于计算过程中的 $-\frac{2}{3}k^{-3}$,几乎所有的学生都算成了 $\frac{2}{3}k^{-3}$,弄错了符号。后来经由教师点拨,耐心指导,学生才恍然大悟。这位教师给学生上了一堂关于落实数学运算素养的宝贵的一课。

安: 您做了很多有关中德两国教育的比较研究,请您介绍一下德国高中数学的核心素养是什么,对我们有什么启示。

徐: 德国于2012年底颁布《高中数学教育标准》(以下简称"标准"),构建一个包括数学核心能力、能力水平、数学核心思想以及课程分层的四维度模型。核心能力由数学论证,数学地解决问题,数学建模,数学表达的应用,数学符号、公式及技巧的熟练掌握,数学交流六大部分组成,与初中数学能力要求紧密衔接。"标准"提出对算法与数、测量、空间与形状、函数关系、数据与随机现象五大核心思想的要求,淡化了具体的内容标准。另外,首次将高中毕业文凭考试标准纳入"标准",保证教学内容与考试内容的相容性,强调考试对于数学能力水平的评价与诊断功能。"标准"清晰地呈现了包括数学核心知识、核心能力及其能力水平的数学能力模型,以此引导教师从关注数学知识转向重视数学能力。"标准"还将数学能力标准和毕业考试标准放在一份标准中,始终提醒人们:一方面,对照"标准"设计教学,将具体数学能力发展纳入常规数学教学中;另一方面,也明确将通过配套的考试评价诊断数学能力水平,监测数学教学质量。教学内容与考试内容达成高度一致,使得教学更具目标性。

目前我国高中数学课程仍然存在课程标准与考试大纲分离的现象,为了追求高考成绩、追求升学率,教师更乐意以考试大纲为依据,而忽视数学课程标准的作用,应试风有增无减。当然,目前高考改革的春风已经吹来,在高考中对数学能力的考量也将成为主流。[9]

安: 我国在课程标准修订中对核心素养给予了全面关注,那么为了让核心素养真正成为课程与教学的有机部分,如何开展数学素养的测评?

徐:素养本身并不是某种技能技巧,它是一种用于交流和学习的素质。对素养的测评,旨在衡量学生并促进学生发展,整体提升教学质量。

以被誉为"教育神话"之国的芬兰为例,芬兰的教育者并没有因为学生的成绩优异而沾沾自喜,他们始终坚持向前看的教育策略,积极学习他国的教育改革与创新经验,启动了素养驱动的核心课程改革。芬兰的教师擅长以多元的方法主导测评,如课堂上的实践形成性评价,具体包括及时干预、教师反馈和学生自我评价等。在芬兰的数学课堂上,形成性评价的意图是创设满足学生需求的学习环境,通过形成性问题,了解学生思维,实施针对性干预,拓展学生思维。在充分了解学生思维的基础上,教师构建有效的学习环境。同时,教师不断培养学生在课堂上的自我评价意识与能力,帮助学生理解自己在课程学习中的进步,发展独立的思维、自信的态度。芬兰的数学测评已成为学习过程的自然组成部分,所得数据为教师与学生的数学教与学服务。

本着向前看的教育改革理念,芬兰数学教师被鼓励直接参与数学测评,而且始终关注教育学与心理学的研究成果。2014年芬兰再次进行数学课程改革。当下的数学教育体现出四大特点:培养学生对数学的积极态度;加强学生对数学概念的理解;重视问题解决与数学推理过程;关心有特殊数学学习需求的学生。[10]

就美国、芬兰、德国、新加坡四国而言,数学问题解决和数学推理是四国共同关注的数学素养,数学交流与数学情感也分别为个别国家所关注。芬兰和新加坡仍然重视数学概念理解,将其作为核心素养之一。美国和德国将认识数学价值作为重要素养之一。从数学素养的评测看,这四国都将形成性评价作为教学的重要环节。除芬兰之外,其他三国仍然重视终结性评价,尤其重视学生自我评价。这四国测评发挥的主要功能都是诊断教学并改进教学,鼓励教师基于测评数据了解学生素养的表现,根据学生现有的素养水平及时调整和改革教学。他们对测评的组织和管理各有特色:德国从国家层面开展测评,保证各联邦州教育质量均衡发展;美国和新加坡则委托机构和团队开发实施测评;芬兰则更强调教师在测评中的主导地位。

我国教育改革立足本土特色,又与世界同步,同样关注教育质量监测,重视并落实学科素养及其评价。教育部强调,各级教育行政部门都要逐渐建立规范化、科学化、制度化的义务教育教学质量监测评估体系和教学指导体系,积极探索以学业水平测试和学生综合素质等为主要指标的综合评价体系。

总之,核心素养的研究,旨在为课程教学改革提供重要的指向标。在探讨数学素养测评的同时,我们还需要努力构建并实施有助于培养和发展学生数学素养的课程教学实践,同时要彰显数学的人文精神。张奠宙先生就是从一个基点、三个维度、六个层次去构建数学学科德育的框架[11],教师可以借鉴。已有研究给我们启发,如促进协商与对话的教学模型,可为学生交流、素养发展创设学习环境。而如何将数学素养的研究从理论的构建延伸至课堂教学实施,再基于实践数据进一步完善素养理论,将是我们需要继续潜心研究的领域。

3 关于教师专业发展

安: 教师专业发展不仅是学术界非常重要的研究课题,也是广大一线教师,特别是中青年教师关注的问题。对此,您是怎么看的?有哪些好的建议?

徐: 何谓教师专业发展?可谓仁者见仁、智者见智,尚没有权威且清晰的界定。一般认为,教师专业发展是教师个体专业不断发展的历程,是教师不断接受新知识、增长专业能力的过程。教师要成为一名成熟的专业人员,需要通过不断地学习与探究来拓展其专业内涵,提高专业水平,从而达到专业成熟的境界。[12]

学术界关于教师专业发展有 3 种取向:一是理智取向,强调内容知识和教育知识对教学专业的重要性;二是"实践—反思"取向,强调通过反思更清晰地理解自己和自己的实践,并因此实现专业发展;三是生态取向,强调构建一种合作的教师文化。教师专业发展是教师变革与成长的过程,既包括教师本人的知识(内容知识、教育知识)与技能的变革,也包括教师本人素质(价值观、内在需要、兴趣以及个人经验)的变化,还包括教师所处情境中教师文化的变革。[13]

教师从新手到专家的发展历程,可被视为一个从掌握教学设计技术走向成就课堂生成艺术的历程。我们可以把它分为一个认识、两个吃透、三个联系和四个环节。[14]

"一个认识":教师要认识到教师工作的真正对象不是文本知识,不是课本,而是学生的学习活动。也就是说,现代教育的本质已经从传承知识转变为教师组织下的学生有效的学习活动。教师要让学生成为积极主动的学习者,由主要关注教师教的过程转变为重视关注学生学的过程。

"两个吃透":第一,教师要深刻、准确地把握学科的性质、教材的内涵和本质,因为这些决定着教学目标的确立和细化。第二,教师要正确估计学生的已有水平及学生的学习准备状态,包括认知和情感等方面。

"三个联系":一是教师要加强新知识与知识源头的联系;二是加强新知识与学生头脑中已有知识的联系,以及新知识与现实生活的联系;三是加强新知识与相关知识间的联系,做到知识的融会贯通。

"四个环节":教学组织中教学目标的确立、教学内容的组织、教学手段的选择和教学反馈的施行。一名好的教师最终可以总结为两个词——"关爱"和"关联"。

安:在数学教学中,好的教师是一个关键的因素。教师的水平为数学教育提供活力和源泉,而教师的局限也会限制数学教育的发展。您如何看待这个问题?

徐:我认为好的教师要具备"两能两可",即能设计、能观察、可预见和可理解4个特征。所谓"能设计",就是教师能够按照课程标准设计教学案例。所谓"能观察",就是教学中教师要有敏锐的观察能力,如能够通过学生的表情,判断学生是否理解所教授的知识。所谓"可预见",就是在教学中教师有能力正确地计划知识的传授过程,并且预见学生在面对所提供材料时可能有的困难。所谓"可理解",就是教师的语言能够让人理解并符合一定的逻辑结构,有说服力。

此外,教师的个性特征与教师的实际效率有非常高的相关性。教师一方面努力地理解学生,考虑学生的个性差异;另一方面,教学上要敢于大胆幻想,结合自己的学科和特长,创设有新意的更科学的学习环境。如数学教师具备的信息技术与教学方法整合的能力,能够帮助学生在数学成绩上获得较大提升。[15]

教师要鼓励学生进行合理的相互"挑战",促进学生生成自己的问题,思考问题的解决策略,允许学生开展尝试活动。

教师专业发展中须坚持学习3种知识:理论知识、职业知识、教学与方法的行为知识。教师是终身学习者,需要勤于反思、善于积累、乐于交流、细于留心。[16]

安:向45分钟的课堂要效率是对每一位教师的要求,尤其是中学一线教师。那么如何进行有效教学？

徐：所谓有效教学，就是通过有效的教学准备、教学活动和教学评价，促进学生学习和全面发展的教学。有效教学的核心是学生的进步和发展，其基本理念体现在关注学生的全面发展，尤其是思想方法的渗透及习惯的养成。有效教学也涉及教学时间的安排、教学行为的反思、教学策略的运用、教学过程的设计等其他因素。

从教学实践的发展过程看，有效教学经历了寻求教学规模的有效教学、构建教学规模的有效教学和走向教学设计的有效教学3个阶段。[17]有效教学没有一个固定不变的概念和模式，它是一个随着课程目标和教学目标的变化而动态发展的概念。有效教学强调教师要具有学科素养、教育学素养、心理学素养、教育教学创造意识与能力。一位墨守成规的教师对于学生创造性的发展，无疑是一种近乎灾难的障碍。[18]

安：随着科技的发展、社会的进步、教育的改革，教师的任务和作用不断地被充实，教师除了要具备一些基本的素质之外，还应该拥有我们这个时代所必需的特殊素质。我们怎样才能完成时代赋予教师的特殊任务呢？

徐：我认为，首先，教师必须是学生学习数学的支持者与理解者。教师要思考学生的答案和了解学生解决问题的途径，并支持学生的反省过程。

其次，教师要做数学教育的研究者。学术研究中产生的知识，大部分都隐含在基础教育的教学实践中。所以，中学教师在教学的同时应当承担数学教育研究者的角色。

安：新时代的教师不仅要潜心问道授业解惑，更要做好学生的引路人。教师应该如何与学生相处？

徐：每名学生都是有独特个性的，要因材施教。[19]只有信任学生的教师，才能成为真正的教育能手。因此，教师除了在认知发展上给予学生支持、鼓励和指导外，还应该在情感上给予学生关怀。不妨归纳为接纳学生、重视学生、相信学生有能力、让学生有安全感这4个方面。[20]

所谓接纳学生指的是，学生需要受到教师的关注，并且希望教师站在他们的立场思考问题。接纳是以关注、理解、尊重、肯定、公平、温暖为基础，承认并且赞赏学生的内在价值。这并不是说教师必须要喜欢每名学生，但必须要无条件地接纳每名学生，因为每名学生都有其固有的价值。被无条件接纳的学生，即便进步缓慢或会犯错误,也会觉得被别人需要、对别人有价值。

所谓重视学生指的是,学生需要感受到自己被重视、自己是重要的,感受到他们参与学校活动是有价值的,能够对学校、对课堂产生一定的影响,感受到他们所做的努力是必须的、是被欣赏的,如此他们就会逐渐形成一定的成就感。

所谓相信学生有能力指的是,让学生感觉到自己有能力承担责任,有能力把事情做好,这样的学生清楚自己可以学会很多事情,知道成功和失败同样重要,即使困难重重,他们也愿意接受挑战。如果教师发现学生产生消极、悲观、冷漠的情绪,那么就必须立即着手提高他们的自我认知能力。

所谓让学生有安全感指的是,学生需要感到安全,尤其是情感上的安全。这意味着学生相信教师是为他们着想的,相信教师尊重他们的观点。如果教师在课堂上使用粗鲁的语言威胁、挖苦学生或是采用令人不愉快的措施惩罚学生,并且给学生在成绩和其他方面施加过大的压力,那么学生就会感到焦虑和紧张。因此课堂环境中,教师有责任建立一种安全的情感氛围。

教师是引路人,是顾问,是人力资源,更是学生学习过程中的领航员。[21]总之,认为自己有能力被重视、被接纳、有安全感的学生会,以一种积极乐观的态度面对学习和生活中的种种问题和失败,他们也更有韧性,更有可能取得成功。相反,觉得自己没有能力、不被重视和接纳、没有安全感的学生,很少参与学校活动,也不可能表现得积极、有成就感。

安:任何事物的发展都不可能是一帆风顺的,我们的数学教育亦是如此。我看过您翻译的迪特里希·班纳教授的《教育与负面性》[22],这篇文章对我启发很大。您能否谈谈负面经验在教育实践、教育理论研究中的不可忽略性?

徐:学习总是从已经获得的观念出发,揭示已知与未知观念的联系。学习并不是毫无条件的知识和能力的获得过程,负面的经验在教育教学中有着不可忽略的作用。我们认为人类经验表现出其特有的负面性,没有这类负面性,人类思维和活动领域中的学习就不可能行进。

负面的经验对于培养教育人才是不可缺少的一部分,只有那些在自己师范教育阶段有负面经验的人,才有可能理解成长者在学习过程中遭遇的困惑与失望,才有可能有意识地对待并评价他们的经历与疑难。

负面性不仅在数学教育领域具有一定的意义,在其他的人类思维和行动的领域同样有意义,因此需要在现代社会中形成一种开放的学习文化。这种学习文化要使教育者认识到,探讨这种负面经验在教育制度实施和教师教育中具有的学习和教育的意义。负面经验也属于经验的一部分。

4 中国数学教育正在走向世界

安:2016年7月,在德国汉堡举行的第13届国际数学教育委员会代表大会上,您成功当选国际数学教育委员会新一届执行委员。作为该机构成立以来第五位担任这一职务的中国学者,您能否为一线的中小学数学教师介绍一下国际数学教育委员会的有关情况?

徐:好的。谈到国际数学教育委员会(The International Commission on Mathematical Instruction,简称ICMI),就不得不提及其创立者德国著名数学家克莱因(F. Klein)先生。作为20世纪初数学课程发展的奠基者,他特别重视数学教育制度的国际比较,这也直接促使了他在国际数学联盟(International Mathematical Union,简称IMU)下成立国际数学教育委员会这一分支机构,并担任ICMI首任主席。

国际数学教育委员会是当今国际上最高水平的数学教育学术组织,有92个会员单位。该委员会的领导核心是它的执行委员会(Executive Committee,简称EC),由9人组成,其中主席1人,秘书长1人,副主席2人,委员5人。每届EC成员任期4年,其职责包括国际数学教育大会举办地的确定、ICMI专题研究项目的评审等。

改革开放以来,中国数学教育界与国际数学教育界的交流日益频繁。1987年,国际数学教育委员会主席、荷兰数学家和数学教育家弗赖登塔尔应邀在华东师范大学讲学2周,这使我国数学教育研究者第一次比较系统地了解了数学教育的国际前沿研究。数学化、再创造、程序性数学与思辨性数学、数学的学科形态与教学形态等观点,一一呈现在我们眼前,令人茅塞顿开,对我国数学教育研究影响深远。1990年、1994年分别在北京、上海举行国际数学教育委员会与中国联合召开的国际数学教育会议。1995年起,华东师范大学的张奠宙教授(1995年—1998年)、王建磐教授(1999年—2002年),香港大学的梁贯成教授(2003年—2009年)、北京师范大学的张英伯教授(2010年—2012年)先后担任ICMI执行委员,这标志着中国数学教育研究走向国际舞台。

能够当选新一届执行委员会委员,要感谢中国数学会的推荐,感谢 ICMI 中国国家代表王建磐教授的提名。这既是我个人的荣誉,也是中国数学教育战线的无上光荣,背后是中国数学教育的崛起。

在此,我诚挚地邀请各位中学数学教师,参加在上海市举办的第 14 届国际数学教育大会。

注:本访谈整理成文后,经过了徐斌艳教授的审核确认。

参考文献:

[1] 朱雁,鲍建生.从"双基"到"四基":中国数学教育传统的继承与超越[J].课程·教材·教法,2017(1):62-68.

[2] 史宁中,王尚志.普通高中数学课程标准(2017 年版)解读[M].北京:高等教育出版社,2018.

[3] 史宁中.推进基于学科核心素养的教学改革[J].中小学管理,2016(2):19-21.

[4] 徐斌艳.数学教育展望[M].上海:华东师范大学出版社,2001.

[5] 洪燕君,周九诗,王尚志,鲍建生.《普通高中数学课程标准(修订稿)》的意见征询:访谈张奠宙先生[J].数学教育学报,2015(3):35-39.

[6] 蔡金法,徐斌艳.也论数学核心素养及其构建[J].全球教育展望,2016(11):3-12.

[7] 徐斌艳,蔡金法.关于数学素养测评及其践行[J].全球教育展望,2017(9):13-24.

[8] 章建跃.核心素养统领下的数学教育变革[J].数学通报,2017(4):1-4.

[9] 徐斌艳.德国高中数学教育标准的特点及启示[J].课程·教材·教法,2015(5):122-127.

[10] 徐斌艳.中学数学课程发展研究[M].上海:上海教育出版社,2018.

[11] 张奠宙,何文忠.交流与合作——数学教育高级研讨班 15 年[M].南宁:广西教育出版社,2009.

[12] 教育部师范教育司.教师专业化的理论与实践[M].北京:人民教育出版社,2003.

[13] 徐斌艳.教师专业发展的多元途径[M].上海:上海教育出版社,2008.

[14] 周耀威,徐斌艳.从掌握"技术"到成就"艺术":一种教师教学专长的发展观[J].教育科学研究,2007(8):53-56.

[15] 郭衎,曹一鸣,王立东.教师信息技术使用对学生数学学业成绩的影响——基于三个学区初中教师的跟踪研究[J].教育研究,2015(1):128-135.

[16] 范良火.教师教学知识发展研究[M].上海:华东师范大学出版社,2003.

[17] 吴宏,徐斌艳.基于有效教学理论的教师专业化发展[J].北京教育学院学报(社会科学版),2008(2):71-73.

[18] 叶澜.新编教育学教程[M].上海:华东师范大学出版社,1991.

[19] 徐斌艳.数学教育中的个性差异实验研究[J].数学教育学报,2002(3):78-83.

[20] 徐斌艳.教师如何成为学生的理解者[J].全球教育展望,2006(3):36-40.

[21] [美]Raymond M. Nakamura.健康课堂管理:激发、交流和纪律[M].王建平,等,译.北京:中国轻工业出版社,2002.

[22] 迪特里希·班纳.教育与负面性[J].徐斌艳,译.华东师范大学学报(教育科学版),2004(4):38-47.

18 代钦教授访谈录：从草原来到数学教育与数学文化殿堂[①]

1 前言

著名数学教育家和数学史家张奠宙先生，在给代钦教授的著作《数学教育与数学文化》[1]所作的序中说："作为一名耄耋老人，仰望一颗数学教育的学术新星，正在内蒙古的星空冉冉升起，心中充满了对未来的美好憧憬。后继有人，非常高兴。代钦还很年轻，属于21世纪成长起来的一代。大约15年前，我们有机会相识。第一感觉是相貌堂堂，既有魁梧帅气的蒙族英武之气，又有谦逊好学士子的礼仪之风。"带着对代钦教授——这颗"数学教育的学术新星"的敬仰，内蒙古师大李春兰教授师生十人于2021年1月7日上午，来到内蒙古师范大学科学技术史研究院会议室，访谈了全国数学教育研究会秘书长代钦教授。访谈历时3个多小时，主要围绕代钦教授的求学经历、买书藏书、如何读书、合作交流、指导学生、数学教育教学研究等方面展开。

2 访谈内容

2.1 求学经历——机遇等待有备而来的人

问：代老师，听说您的母语是蒙古语，上大学之前，您还不会说汉语，我们听之，无不佩服，因为您写的文章和出版的著作、教材等，多数都是用汉语写的，您被全国各地邀请作学术报告也是用汉语讲的，您不但精通蒙古语和汉语，而且也精通日语，能够做同声翻译。您能给我们讲一讲您的求学经历吗？

[①] 参加访谈的有李春兰教授，以及硕士研究生梁慧敏、王彬、孙天娇、冯宇迪、王秀娟、王占、黄佩、侯晓婷、单伟彤．

答：我出生在科尔沁草原上的一个农村，我们村里没有学校。后来我二哥在师范学校毕业，他从别的地方被调回了村里教书，我才有了上学机会。我们村就 100 人左右，村里一共 12 个小孩儿，分成两个年级，我们在一个房间上课。1976 年，我 14 岁开始上初中，9 月 9 日毛主席逝世，因我在诗歌朗诵、做题等方面表现比较突出，所以学校让我代表全体学生在追悼会上发言，悼念毛主席。因就读的代钦塔拉中学教学水平不够好，而我叔叔任教的学校里有几位大学毕业的老师，我就跟我的父母申请去叔叔所任教的吐列毛杜中学读初三。进入新学校一开始我的成绩在中等左右，在后来的期末考试中我就成为了班级的第一名，数学、物理、化学全是第一。之后考到旗(县)里面的巴彦胡硕第一中学读高中，这所中学是我们旗(县)里的重点中学，平行设置了蒙古语授课班和汉语授课班，我在蒙古语授课班学习。当时除了教科书外，我们没有其他复习资料，参加高考完全依靠课本，1981 年我以全旗(县)第一名的成绩考上了内蒙古师范学院数学系。

那时的内蒙古师范学院(1982 年改为内蒙古师范大学)是五年制，我们蒙班的专业基础课全是用蒙古语授课，后来全校的蒙古语授课学生要参加汉语考试。当时我们 13 个人的汉语水平为 0 分，学校教务处专门为我们开设了汉语补习班，我们 13 个人学习了 2 年的汉语。后来自己继续学汉语，一直到现在。学习了一段时间汉语，也开始学习英语。在大学里我就经常用蒙古语写文章，写短的诗歌、诗词和散文，在报纸上发表。

大学五年级的时候，我开始看自己喜欢的书籍。我对文科很感兴趣，读了不少世界名著，比如《红楼梦》《安娜·卡列尼娜》《红与黑》《战争与和平》等。因为当时我的汉语水平一般，所以只能慢慢学、慢慢品读。不仅读书，还读《读者文摘》《青年文摘》等杂志。相对于我的同学们来说，我当时的家境还是不错的，我的两个哥哥都是师范学校毕业的，还有一个哥哥是当兵的，每个月哥哥们都会给我寄钱。我们当时读师范院校一分钱都不用花，不用交学费，教材以及学习用品等都是由国家免费提供的，国家每个月还给我们 18 元的生活补助，足够我们的生活费了。我把攒下来的钱都用来买书。在宿舍里，大家都会轮流看我买来的杂志和书籍，虽然一本杂志看下来都脏兮兮的，但是书籍至今都保存着，那个时候从书中学到了不少东西。我的汉语就是这样学过来的。

问：那您能继续给我们分享一下您的考研、读研、学习日语的经历吗？

答：大学毕业之后我就留校在数学系任教，被安排在教材教法教研室。刚留校任教时，我宿舍里来了一个北大数学系毕业的哥们，叫卜祥民，他的起点和想法跟我完全不一样，对我有很大的帮助，可以说在他的影响下，我才有了继续求学深造的想法。他后来考上了吉林大学的概率统计方向的研究生，之后他不断地给我来信，说"老代，你赶紧来长春学习吧"，鼓励我考研究生。后来，1989年，我联系了东北师范大学，在东北师大的助教班里跟着研究生学习教材教法1年。在那里，除了听课以外，从早到晚，我每天都在图书馆读书学习，阅读了教育评价、教学评价、课程论、教学论等方面的论著以及世界著名教育家的著作、评论等。这些都是我在东北师大听课学习时了解到的，课下就到图书馆查阅，弥补自己在这方面知识的匮乏。在东北师大学习期间，我自己也买了很多书，从东北师大回呼和浩特的时候，托运的书一共有 7 个大箱子，其中有 4 个箱子都是与教育有关的，3 个箱子与历史和文学有关，比如有莎士比亚的全集，不少是 20 世纪 50—60 年代的书。

可以说我的数学教育研究，是在东北师大学习时开始的。那里的老师们都很好，很热情，都会让我去家里看一些资料，复印或者赠送我一些资料。比如周学海老师是研究数学教学论的，后来他出版了《数学教育学概论》。马忠林老师是我国解放初期著名的数学教育家，他经常和我们聊天，讲数学教育的相关事情。刘凤瑛老师是全国自然辩证法研究会的副理事长，教授数学方法论。刘老师每次去北京等地开会都会帮我们买书背回来，我现在收藏的"数学方法论丛书"就是其中之一，我当时在书上做了记录"拜托刘凤瑛老师购买，1990 年 4 月"。沈呈民老师讲数理逻辑和数学模型论。当时上课的一共六七个人，其中有现在东北师大的李淑文教授，现在江苏省中小学教研室副主任李善良教授。

1989 年，在东北师大学习时，一位外国的专家过来作报告，东北师大的老师可以很熟练地做同声翻译。而我们内蒙古师大之前也邀请了一些外国专家学者作报告，却是邀请内蒙古大学外语系老师来当翻译。这个事情对我的刺激很大，所以我在东北师大学习时，也就是从 1989 年开始自学日语。后来我回内蒙古之后准备考东北师大研究生，所以一直没有放松外语的学习。遗憾的是后来没报考东北师大研究生，而考上了内蒙古师范大学数学史专业研究生。

我的硕士导师李迪先生是著名的科学史家，他当时很了解我的情况，在我正准备考研的时候,他建议我考本校科技史方向的研究生。就这样,我考东北师大的念头也就没了,直接考取了内蒙古师大的科技史方向的研究生,1995年我成为了李迪先生的硕士研究生,这也是我人生的一个重要转折点。当时,我给本科生讲授数学教育方面的课程,同时学习数学史。

我读硕士期间,内蒙古师大图书馆馆长邱瑞中老师给历史系研究生开了文献学这门课,我从头到尾跟着听完这门课,知识结构也随之发生了很大变化。攻读硕士期间,李迪老师带我参加了北京师范大学的"横地清文库"讨论班。这个讨论班每年举行2次,一般在每年的5月1—5日和10月1—5日,主要是北京师范大学、东北师范大学和内蒙古师范大学的老师参加。这个讨论班的发起人是日本著名数学教育家横地清先生、我国著名数学教育家钟善基先生(北京师范大学)和数学史学家李迪先生(内蒙古师范大学)。参与者还有比他们3位稍微年轻的日本的松宫哲夫教授、铃木正彦教授、黑田工史博士、渡边博士等。这个讨论班一直延续到2003年,并且每年出一本研究文集《中日近现代数学教育史》。这里,特别说一下横地清先生,老先生藏书量大概能达到35000册左右,给北师大赠送了25000册书,建立"横地清文库"。横地清文库能够在北京师范大学建立,主要得益于北京师范大学副校长、著名教育家顾明远先生的大力支持。其实,横地清先生还有一些书本来是想给我们内蒙古师大的,可惜当时我们没有条件去搬运这些珍贵的书籍。1995年,李迪先生推荐我申请日本文部省奖学金,短期留学1年,在日本学习数学文化和数学教育。我是1996年10月—1997年10月中国获批去日本教育大学的两位老师之一,另一位是现在的首都师范大学的牟磊教授。

1998年,我参加了在北京师范大学举办的一个国际会议,去做日语同声翻译,认识了中国社科院哲学所的梁芳博士,通过她认识了我的博士导师林夏水先生,后来开始学习马克思主义哲学、科技哲学以及一般的哲学。1999年,考上了中国社会科学院哲学研究所的博士研究生,这也是我人生的一个重要转折点。在博士3年的学习里,几乎每天都听学术报告,看很多书,比如西方哲学史、中国哲学史,还有其他一些历史书。社科院每年从200多个博士研究生中通过考试选拔3人,推荐到日本外务省国际交流基金会日本研究部做高级访问学者。我当时被选上,从2001年的4月1日—2002年的4月1日,在日本写完了我的博士学位论文。我的博士学位论文选题是中国儒家思想和中国传统数学之间的关系,后来我的博士学位论文经社科院推荐,2003年在商务印书馆出版,书名为《儒家思想与中国传统数学》。在东北师大我系统学习了数学教育方面的知识,在内师大我系统学习了数学史方面的知识,在中国社科院我系统学习了数学哲学方面的知识,3个不同领域的知识加上我本科学习的数学专业知识结合在一起,对我后来教学、科研的影响是巨大的。

问: 您本科是学习数学与应用数学专业,硕士是数学史专业,博士是哲学专业,是什么让您做出这样的选择呢?

答: 这其实也没什么选择,是自然发展的,就好像摸着石头过河一样。本科毕业后向数学教育这个方向发展,但因为著名数学史专家李迪先生在内蒙古师大,平时我看到一些好的书籍也会给他推荐,也会向他提出一些很不成熟或者幼稚的问题,所以后来就跟着李迪先生攻读硕士学位搞数学史研究了。李迪先生建议我说,中国数学教育史研究是个前景不错的领域,可以好好研究。硕士毕业后,本来准备考科技史的博士,考中科院郭书春先生的博士研究生,结果他年纪大了不再招生了,我们也就擦肩而过。后来参加国际会议时,结识了梁芳老师,就是我的博士师姐,她推荐我去中国社科院哲学研究所跟随林夏水老师读博。林夏水先生是著名科技哲学专家,特别在非线性科学哲学和数学哲学研究方面是很有影响的。1998年11月,我与林夏水先生见面后,彼此感觉很投缘,于是我改变方向,转而学习哲学方面的相关知识,只有1年左右的复习时间,与哲学专业的学生相比,我很不占优势,因此压力也很大,每天忙于复习备考,期间母亲去世,家人怕影响我考博,未告知。功夫不负有心人,我考博成功了。人的命运就是这样,走着走着就这样了,有时并不是自己要怎么选择,命运给你安排各种机会,这个不行就那个,仅此而已。

2.2 合作交流——互学互鉴,促进学术的发展

问: 硕博期间,您通过自身的勤奋努力,被推荐或选拔到日本留学2年,而且后来还曾被邀请到日本广岛大学做客座教授,被西南大学、青海师范大学、首都师范大学等国内高校聘为兼职教授,您能再给我们分享一下您的客座教授和兼职教授的经历吗?

答: 2004年,日本广岛大学需要一位国外的教授去那上课,指导一名选题为中国数学教育史方面研究的博士生,他们查到了中国当时年龄大点儿的、中年的、年轻的一共十几位教授符合他们的要求。后来,他们开会研究决定说,

"代钦教授是年轻的,而且曾有2次日本留学经历",就给我发来聘请客座教授的邀请函。2004年,我就这样受邀到了广岛大学国际协力研究科工作。这个机构是联合国教科文组织、日本文部科学省和广岛大学3个单位联合办的,里面大概有30几位教授。在日本,有30位教授的单位就是一个非常庞大的机构了。机构中各个学科都有,只招硕博生。80%左右的学生都是留学生,20%左右的学生是日本的。相应专业的教育学部也有相应的研究生,我在那里工作1个学期,上了2门课"数学文化特论"和"数学教育讨论班",指导了1位博士研究生金康彪,现在广西玉林师范学院工作。

我参加国内大型的数学教育活动,是从2006年11月份开始的,也就是在福建武夷山召开的全国师范院校数学教育研讨会。这次会议上认识了很多研究者,并建立了良好合作交流关系。会议结束后,我们直接去上海访谈张奠宙先生。访谈的内容非常广泛,包括数学教育的研究方法、研究历史和中国数学教育的发展、中国数学教育和中国文化之间的关系,以及考据文化[2]对中国现在考试文化的影响,有些数学家对于数学教育的关注等问题。这次访谈对我自己、对学生们都有很大的影响,最后我们将访谈录进行了整理,放在了李春兰老师硕士学位论文的附录里面,2012年发表在《数学教育学报》上,题名为《对中国数学教育的历史和发展之若干问题的理性思考——对张奠宙先生的访谈录》[3]。

2006年,我们内蒙古师大有了博士点——科学技术史专业。2007年招收第一届博士研究生,有好多人报考,李春兰老师成为我们当年招收的5位博士生之一。不论是对老师还是对学生来讲,博士点是一个非常重要的发展平台。以前都是培养硕士,硕士论文的水平毕竟是非常有限的,博士就不一样了。我连续培养了13位数学史方向的博士和2位科学思想史方向的博士,其中有12位数学教育史方向的博士,1位纯粹数学史方向的博士。硕士有20多人研究数学教育史,其中研究数学教科书的占一半。因为我们取得了一系列的研究成果,所以在国内产生了一定的影响。2007年,西南大学当时的常务副校长、著名的数学教育家宋乃庆教授邀请我参加少数民族数学教育会议,同时聘请我做兼职博导,协助宋乃庆教授指导他的博士研究生的论文,这样从2007年10月份到现在,每年都去西南大学作讲座、开会交流等。在指导论文的过程中,因为各个学校、学院的研究方向和风格是不一样的,这使我在工作方式方法、治学精神和态度等方面,学到了很多东西。我是内蒙古师大出身的,运用的是历史的研究方法。一直到现在搞数学教育,运用的是数学教育的研究方法。在中国社科院,运用的是哲学的研究方法。这些研究方法结合在一起,就形成了我的研究风格,也就是说我看问题的思路是不一样的,我是在比较广泛的范围里面去看问题,而且能够把很多不同的学科连接起来看,工作方法也发生了很大的变化。另外,日本学者的工作态度、精雕细刻的精神等,都对我有很大的影响。在西南大学工作,也受到西南大学宋乃庆教授的影响,他经常工作到晚上1点,和学生讨论问题,会议不结束,讨论不结束,他的精力及忘我的工作精神给我的触动很深。

2.3 指导学生——倾心指导是导师不可推卸的责任

问:您从2004年开始指导博士研究生,那您是从哪一年开始指导硕士研究生的?您目前指导了多少硕博生?

答:1999年我开始指导硕士研究生。不完全统计,到现在为止,在内蒙古师大从我这毕业的硕士研究生有数学教育专业、数学史专业和科技哲学专业的,总共有190多位吧,博士研究生有15位,包括5位外国的留学生。

问:在这21年里,您指导200多个研究生,平均每年指导研究生近10个,您哪来的这么大精力呢?您能给我们分享一下您指导研究生的经历吗?

答:因为内蒙古师大数学教育方向的师资不够,所以招收来的研究生让我带多数,这就没办法了。学生们的论文题目基本上都是我一个人给出的,而且尽可能针对研究生自身的学习经历来定,论文题目不重复。学位论文的指导,从开题报告的撰写开始,不断地讨论、修改。特别是博士学位论文,都是几百页,但我也要逐字逐句地看,不是大致地看,我先看整体,再看每一个细节,有些吹毛求疵了(哈哈哈),看完立刻给学生反馈,及时交流修改。看学生们交来的论文初稿,常有要命的感觉,但我还是要坚持看下去,画地图似地修改补充,看的过程中我时刻提醒自己,要为学生负责,这是很重要的。认真对待每位学生的学位论文,所以在我的毕业生里,有不少学生的学位论文被评为自治区优秀学位论文,确实是我们下了很大的功夫。不管是指导两年制的教育硕士,还是指导三年制的课程与教学论的研究生,我都尽可能为学生提供一些小论文的题目。学生搞研究,刚开始他们的基础都是一般的,很多东西是不了解的,很多资料是不掌握的,那怎么办呢?我就得给学生提供资料、提供思路,引导学生去做研究。尽可能地在小论文、大论文方面为学生提供新的思路,不把自己研究烂了的、已经陈旧的东西给学生再去研究。学生的论文发表了,我也高兴,因为那是我们团队的成果。一般来讲,学生和我一起写的东西,发表时学生都是第一作者,尽管有时论文资料全部是我提供的,整个提纲是我给列出来的,论文是我修改出来的。为什么把学生放在第一作者呢?在精神上可以鼓励学生做学术研究,学生将来考博或者找工作时,学术成果也是敲门砖。对我来说多10篇文章,还是少10篇文章,影响不大;但是对年轻的学生来讲,多1篇少1篇的影响就很大了。那么指导学生这里边是不是只有苦呢?苦这个东西是你的感觉,而在其中收获了很多,这是很重要的。

2.4 买书藏书——目的在于研究和共享

问:学习,您顽强刻苦、不畏困难;工作,您尽职尽责、无私奉献。您是我们学习的好榜样!一年四季您几乎每天都坚持早起到校园锻炼身体,很佩服您有这样的毅力。您乐于买书、藏书,嗜书如命,这是众所周知的,2015 年您被内蒙古自治区新闻出版局评为"十大藏书家"。您的这些习惯养成,都受到哪些人的影响呢?

答:我热衷于买书、藏书、读书,这受到很多人的影响。我曾与前来借阅书籍的老师们和同学们说:"我买的这些书,一个人看 300 年可能也看不完。"我目前藏有近 3 万册书,有从 17 世纪到 21 世纪的教科书、教育、历史、哲学、艺术理论、文化人类学等方面的书籍。其实买这些书,除了出于自己的爱好外,也受家里环境的影响。我父亲是农民、牧民,没读过书,我二叔解放以前上过学的,是中学老师;我三叔是大学教授,我两个哥哥都是老师。所以我小时候家中就有些蒙语、汉语的书籍,比如《红楼梦》《三国演义》《水浒传》等书,汉语的当然我是看不懂的。从高中就开始自己买书,买了不少书;上大学以后,到呼和浩特的书店里买书,那时我喜欢杂志和文学类的书籍;后来开始买关于学术研究的书籍,再之后就买原始资料更多一些了,最早的是 17 世纪的书,《几何原本》《三角学》等外文的。虽然我看不懂一些外文的书籍,但是它们很重要。我的这些书不仅内蒙古师大的师生借阅,而且西南大学、华东师大、首都师大、广州大学、中山大学等高校的师生们也会利用,还有人民教育出版社也在用,因为有一些书是国家图书馆和很多大学图书馆都没有的。这些书籍是我个人花钱买来的,一般来讲学术界非常忌讳把自己重要的文献资料给别人看,但我不是这样的。比如有时其他老师指导的学生在查资料方面很困难,或者论文的题目难以确定时,我都直接将我的资料提供给他们,尽管这样我的学生就不能再写这方面的内容了,但是我还是喜欢共享。心里总是装着学生们写作的题目,有时出去买书,看到哪些资料刚好哪个学生能用到,我也就直接买回来了。

除家里人的影响外,咱们学校的李迪先生和日本的横地清先生、松宫哲夫先生对我的影响都是很大的。他们的成绩是非常突出的,在国际上都有重要的影响。他们既是藏书家,又是研究者。日本横地清先生藏书有35000册左右;李迪先生所藏之书,可谓是无价之宝,2003年他被内蒙古自治区新闻出版局评选为"十大藏书家";松宫哲夫先生的书有几万册,每次去日本,我都去他家住下来,一起聊书的事情,一起逛书店买书。

2.5 读书建议——经典著作是创新的原点

问:您每天都坚持读书,读书成为了您的一种生活方式。针对读书,您对我们有什么建议呢?

答:关于读书这件事,2019年,我在北师大作报告的时候提到"读书是一种生活方式"。[4]在读书方面,特别是对于研究生而言,除勤奋读书以外,还有三点要注意。

第一,经典著作是**必须**要读的。所谓经典著作就是类似于波利亚的《怎样解题》、弗赖登塔尔的《作为教育任务的数学》等这些名著。没有读过经典著作的研究生和老师,其学习、工作或研究都会受到影响;没有读过经典著作的人,看任何东西都是新奇的;没有读过一定量的经典著作的人,不要说站到巨人的肩膀上,就连看到巨人的影子都困难。这就是我为什么让所有学生从波利亚的《怎样解题》等数学教育名著开始读,经典著作是非常重要的。比如,中国数学史专业的研究者,要读钱宝琮先生的《中国数学史》、李迪先生的《中国数学史简编》,读完以后才能有后续的研究。再比如,蒙古族科学史的研究者,必须要读李迪先生的《蒙古族科学技术简史》、中央民族大学李汶忠先生的《中国蒙古族科学技术史简编》等。不读经典著作的话,你仅围绕着你的博士论文、硕士论文题目,从网上下载论文资料阅读,结果呢,你下载的文章水平有些也很低级,而你却辨别不出来。

第二,看原始文献也是不可忽视的。2020年发表在《数学通报》上的《可视的数学文化史研究之五——墓、碑中的数学文化》一文,是我从古墓里的壁画、雕塑、纪念碑或者阿基米德的墓碑中总结出来的。此外,还有关于达·芬奇的文章《神坛上的达·芬奇——以达·芬奇数学手稿为例》,我是准备了好几年的时间写出来的,购买到的原始文献很丰富,文章最后按版面算有3万多字,从2021年《数学通报》第一期开始陆续发表。为什么这篇文章这么重要呢?因为这篇文章是第一个从数学内部的角度去挖掘原始材料,就像从手稿中也能发现很多问题。达·芬奇没受过系统的教育,但就三角形而言,达·芬奇认为有直线形三角形、曲线形三角形,这思路是耳目一新的。勾股定理本来是在直角三角形中讨论的,而从达·芬奇的手稿里面看出来,他讨论了对于曲线形的直角三角形而言,勾股定理是否成立的问题。那直线形的三角形里面呢,三角形的3个边上的圆的面积或者半圆的面积有没有这样的关系?或者把直角三角形的三边向外作3个正方形,若以这3个正方形为面做成3个立方体,它们之间的体积关系是否符合勾股定理的形式呢?这实际上就是古希腊三大几何问题中的倍立方问题,所以说达·芬奇太伟大了。把这个东西从原始文献里面挖掘出来,整理出来一些问题,我们不一定让小学生或者中学生证明这个,而是让他们从中得到启发,人的思维是多么开放啊。小孩子学习数学,比如说形状,形状一开始是拓扑性的,不一定是直线,孩子们弯弯曲曲地画一个图形,我们大人帮他们纠正,慢慢画成直边的三角形、四边形等。结果孩子们头脑中的拓扑性的几何形状消失了,被束缚在直线形中了。但是有些外国的数学科普著作,小学二、三年级都可以学习拓扑学一些东西。所以对于你们这些年轻人,有开放的思维或者发散的思维太重要了。

第三,要养成良好的习惯,没有好习惯,读书是不可能的。比如随时随地可以读书,在火车上可以读书、在飞机上也可以读书、回到家里也可以读书,即使回农村老家我也能读书。如果一天不读书,我就感觉非常不舒服。我们现在经济条件都好了,可以买一些最基本的书来反反复复地读。读书后思路就不一样了,像我读书之后,不仅可以研究数学教育史,数学哲学、数学文化也都可以研究。比如说我曾经作过的报告——《可视的数学文化史之四(续)——女性与数学》(2019年刊登在《数学通报》上),其中我提出:"母亲是孩子第一个数学老师。"这时美国著名数学教育家安淑华听了以后很惊讶,她问我说:"代老师你怎么想起了这句话?"我说作报告必须有吸引人的一句两句话语。

2.6 教学研究——教研互动,没有研究的教学是没有灵魂的

问:您研究过彩陶中的数学文化、蒙古族传统生活中的数学文化、达·芬

奇数学文稿中的数学等。这些都与艺术息息相关,您对于数学与艺术有什么见解? 将这些艺术中的数学融入教学中,您有什么看法与建议?

答:对于数学和艺术,我认为它们有很多相通的地方,比如在数学和艺术中都有抽象,抽象都是人类精神的创造。我们过去对艺术的理解是片面的,艺术在早期跟数学是混在一起的。比如达·芬奇的作品,还有很多艺术家的作品,都涉及数学,如何将这些数学文化融入到数学教学中,取决于数学老师本身的专业素养。作为新时代的数学教师必须具备这些素养,才能在教学中锦上添花。但在教学中不能机械地、生硬地融入数学文化和数学史,否则就会起到画蛇添足的作用。在教学中数学教师不仅要具备纯粹数学的素养,数学史、数学文化、艺术等方面的知识必须也要具备。培养这些方面的素养可以通过阅读相关书籍,如梁宗巨的《数学历史典故》、沈康身的《数学历史名题赏析》、M. 克莱因的《古今数学思想》、米山国藏的《数学的精神、思想和方法》等经典著作。还要求教师在教学中做好教学设计,培养自己的两种思维:一是设计思维,二是故事思维。当老师必须会讲故事,数学教学里讲数学故事;反过来呢,就是故事数学,就是把数学这个东西进行故事化,不一定把现成的东西拿过来讲故事。如果没有故事的话,那么就把数学知识以故事的形式设计好。数学教学中融入数学文化、数学史,前提条件是教师要讲好数学概念,基本的东西讲清楚的情况下,才融入数学文化和数学史。当然教师在引入新课的时候,先可从简单的一些故事情节入手介绍给学生,但是我们的主要目标是让学生掌握数学真正的东西,纯粹数学的知识及思想方法。

从事数学教育以来,我的教学和研究从不分家。无论是在中小学,还是在大学任教,我认为教学和研究都不可分家。如果教学中没有研究的成分,那是没有灵魂、没有血液的,甚至可以说是没有生命的。所以,一直以来我所讲授的课程都是经过仔细琢磨研究的,比如说我写的《数学教学论新编》(科学出版社,2018),这本书的内容都是之前给研究生上"数学教学论"这门课的教案,最初都是手写版,后来把手稿转为电子版。

2.7 数学教育研究——门槛很高,是综合多门学科知识的领域

问:有人说数学教育研究是一个门槛低的领域,对此您有何看法?

答:这个说法本身是错误的。数学教育的门槛并不低,数学教育研究需要许多方面的知识储备。数学教育研究所涉及的学科很多,数学是第一个学科。

除数学这门基础学科以外,教育学、心理学、逻辑学、哲学,还有教育技术学、设计学、艺术学、史学等都和数学教育研究有关联,甚至会涉及社会学的一些知识。所以真正地做好数学教育研究,需要许多学科的知识。这些知识的获得,需要研究者具备相应的专业知识。一般来讲,数学教育研究并不是简单地对数学课堂进行观察、记录、分析,这只是就知识层面而言的。从研究的实施方面来讲,数学教育研究的领域是非常广泛的:有课堂教学的研究,包括教学的思路、教学设计、课堂教学的实证研究等;有教师教育研究,研究如何促进数学教师专业水平发展,包括教师的职前培训与职后培训;还有学生的数学学习心理的研究;等等。数学教科书的研究也是数学教育研究的一个重要方面,教科书的研究包括数学教科书的比较研究、数学教科书的历史研究、对教科书编写者的研究等。数学教育研究还包括数学名家的访谈研究,还有一些数学教育理论的研究。比如数的认识,数感的研究,这首先要从人类学、社会学的角度去研究,还要研读布留尔写的《原始思维》,斯特劳斯写的《野性的思维》,丹齐克写的《数:科学的语言》,《数字人类的起源》,《万物皆数》,等等。所以数学教育研究是一个门槛很高的研究领域,真正做出一个研究是很不容易的。

2.8 传统与创新——传统文化是数学教育创新的基石

问:您在数学教育史方面的研究颇多,在国内外均产生了很大影响。现今有不少年轻的研究者直接或者间接地否定中国传统数学教育,对于这种现象您是如何看待的?您从事数学教育研究,受哪些人的影响颇深?

答:我在国内外没有很大的影响,可能会有一定的影响。对于国外的影响主要体现在4个方面:一是在日本留学、访问、工作期间所做的一些工作;二是参与编写了《华人如何教数学》[5],这本书将我的论文《中国的传统数学教学的智慧》(2012年《数学通报》发表)翻译成英文作为第一章载于其中,该书在国际数学教育界上产生了重要影响;三是参编了由北京师范大学曹一鸣教授与香港大学梁贯成教授主编的《21世纪的中国数学教育(英文版)》的第二章——关于中国数学教育历史的概述[6];四是参编了由华东师大王建磐教授主编的《中国数学教育:传统与现实(英文版)》,我执笔第一章——中国传统文化与数学教育,这本书在国际上也产生了一定的影响。[7]在数学教育史方面,我把中国传统的数学教育思想方法介绍到外国,从这个角度来说,我应该是有一定的影响。

有人否定中国传统数学教育,出现这样的问题,是因为他们对中国数学文化的了解不够,对中国的哲学、历史的了解不够,关于中国数学文化的经典著作阅读不够多。要知道,我们将中华民族的优秀传统文化融入到课程教材、课堂教学之中具有重要意义。这样可以培养学生和老师的民族自信心、自尊心,民族自豪感。当然,中国的传统文化并非百分之百都是优秀的,我们对待中国传统数学要取长补短,取其精华,弃其糟粕。所以年轻的数学教育研究者们要多看一些中国数学史、中国教育史的经典著作,这样就能体会到中国传统数学和传统数学教育的优点。

数学教育研究方面对我影响很大的是张奠宙先生,因为我喜欢看他的文章。此外,西南大学宋乃庆教授的很多工作方法、工作精神等对我的影响也很大,他可以抓住很多时间点来研究。比如去年的新冠肺炎疫情刚开始,没过几天他就启动了一个研究项目,关于疫情期间中小学生通过网络上课这个问题的调查。一开始我还不怎么了解网络上课,后来发现这种形式也挺好,疫情期间上课、学术论文答辩、开会等线上线下都可以进行。

2.9 自我反省——反省是使人形成明确的自我概念

问:您在著作《数学教育与数学文化》的自序中写道:"命运有时用我们的缺点推动我们前进。"[1]您为何会发此感慨?您认为自己有什么缺点在推动着您前进呢?

答:第一,这句话的本意是作为研究者要有自我意识,要认识自己、自省反思。只有自省反思之后才能看清自己的缺点和自己糊涂的地方。一个人缺乏自我意识,没有认识自己的内心的一种意向就不能看到自己的缺点。第二,见贤思齐焉,见不贤而内自省也。从别人的言语里面发现自己的缺点,并且要学习别人的优点,在学习别人优点的过程里面,发现自己的内心世界、工作中存在的问题。如果能够清楚地认识自己的缺点,那么就可以带给我前进和发展的动力。

2.10 给师生的建议——具备终身学习的信念会让人每天都有新收获

问:您对数学教育方向的研究生,以及从事中小学数学教育的老师有何建议?

答:第一,树立终身学习的意识。学习很重要,学习能不断补充自己的能量,使我们养成良好的学习习惯、工作习惯。第二,必须有清晰的自我概念。自我概念包括人生的态度、人生的价值等。一个人活着的时候,好好学习、好好工作照样活,不好好学习、不好好工作也照样活,但是活法不一样,社会价值也不一样。要做有意义的事情、有价值的事情,遇到的事情在力所能及的范围内好好去做。这样,在你的良心和工作业绩上形成一种良性循环。第三,在读书的过程中,自己必须有基本的工具书和经典著作。第四,老师要具备职业责任感,老师要是没有自己的职业责任感,那怎么培养学生呢?老师也必须要具备艰苦奋斗的精神,若没有克服困难的精神,就难以抵挡以后工作中遇到的挫折。

3 结语

句句箴言、字字真心。历时 3 个多小时的访谈,我们感受到代钦教授求学的认真与勤奋努力、面对人生的乐观与智慧、对待学生的真诚与热爱。运用一分知识需要十分的积累,代钦教授由数学与应用数学专业转到数学史专业又转到哲学专业,对于数学的理解从知之用之到与人类相通,如此持之以恒的积累和博览经典,才造就代钦教授深厚的知识底蕴与独到的教学理念。他为我们讲解了自己关于数学与艺术以及数学教育研究方面的许多观点及看法;结合自己的经历以及现代数学的发展,为数学教育方向的研究生及中小学数学教师提出了许多宝贵的建议,鼓励我们勤读书、多思考,乐于分享、敢于担当,推陈出新、终身学习。代钦教授曾说过:"读书是一种生活方式,读书的多寡决定你未来道路的走向。"[4]他用实际行动为我们做了很好的示范和引导,我们后辈将跟随代钦教授的脚步,不惧风雨、砥砺前行。

注:访谈得到了代钦教授的大力支持,整理成文后经代钦教授审核确认。

参考文献:

[1] 代钦.数学教育与数学文化[M].呼和浩特:内蒙古教育出版社,2013.

[2] 张奠宙.数学教育经纬[M].南京:江苏教育出版社,2003:219-229.

[3] 代钦,李春兰.对中国数学教育的历史和发展之若干问题的理性思考——对张奠宙先生的访谈录[J].数学教育学报,2012(2):21-25.

[4] 代钦.读书是一种生活方式——给年轻数学教育研究者的建议[J].数学通报,

2020(6):43-48.

[5] 范良火,等.华人如何教数学[M].南京:江苏凤凰教育出版社,2017.

[6] 曹一鸣,梁贯成.21世纪的中国数学教育[M].北京:人民教育出版社,2018.

[7] 王建磐.中国数学教育:传统与现实[M].南京:江苏教育出版社,2009.

19　黄力平编审访谈录：数学教育理论著作出版的回顾与思考[①]

数学教育学术著作是数学教育研究在时间轴上的投影。经过多年的积累，到20世纪90年代，我国数学教育研究取得了丰富成果，国内出版了多套有影响的数学教育研究丛书。比如，广西教育出版社出版的荣获第三届国家图书奖提名奖的"学科现代教育理论书系"，被誉为我国"学科教育理论发展史上的一座里程碑"，其中的"数学教育丛书"由马忠林（东北师范大学）主编。[1]

2016年4月17日上午，世界读书日前夕，刘祖希副编审专程赴广西教育出版社访谈黄力平编审。广西教育出版社是我国数学教育学术著作出版的重镇，黄力平编审是该社两套国家级重点图书——"数学教育丛书""中国数学教育研究丛书"的主要策划者。访谈围绕数学教育学术图书出版展开（以下访谈过程中，刘祖希副编审简称"刘"，黄力平编审简称"黄"）。

1　"数学教育丛书"与学科教育理论建设

刘：黄老师您好。我们有几年没见面了，我还一直在关注您出版的书，今天想当面向您请教一些问题。

黄：你客气了。欢迎来南宁。

刘：我们知道，在数学教育研究的生态系统中，有两个不可或缺的重要角色：研究者与传播者。出版工作者主要承担传播者的角色，与教育研究者的视角有很大的不同。您策划、组织的"数学教育丛书"与"中国数学教育研究丛书"影响很大，一方面说明这两套丛书的内容非常好，另一方面也体现了您作为数学教育研究传播者的眼光和智慧。可否请您回顾一下这两套丛书的出版过程？

[①] 刘祖希.数学教育理论著作出版的回顾与思考——黄力平先生访谈录[J].中小学课堂教学研究，2017(10)：17-21.

黄：你过奖了。我先说说"数学教育丛书"吧。

1990—1991年，"数学教育丛书"出版，标志着我国数学教育研究进入了一个新时期。为什么这样说呢？丛书主编马忠林教授说："（从20世纪80年代开始）近10年来，数学教育已初步系统化、科学化，成为能指导数学教学实际的一门科学——数学教育学。从事这门科学的研究队伍之大和研究成果之丰，在我国数学教育史上是前所未有的。所以说，我国数学教育研究，进入了一个新时期。"马教授还说："在系统研究我国数学教育的历史和现状之后，我们深感前人在数学教育方面留下来的资料，远远不能适应数学教育与研究之所需。有鉴于此，我们就非常需要加强学科理论基础建设工程。因此，把我国现阶段的一些研究成果分专论汇集起来，作为数学教育丛书出版，把它作为文化财富奉献给吾侪同仁，留给后人，的确是一件有意义的事。"[2]

刘：在我印象中，"数学教育丛书"前后出版过3个版本，是这样吗？

黄：是的。"数学教育丛书"最初规划有5种，在1990—1991两年里完成出版，到1995年陆续出版了9种。1996年12月，"数学教育丛书"有6种纳入"学科现代教育理论书系"重新出版。这一版增加了出版社写的"出版说明"以及时任中国教育学会会长顾明远先生作的"总序"。2001年，我们又推出了新版"数学教育丛书"。

刘：您能否为我们介绍一下整套"学科现代教育理论书系"（以下简称《书系》）的出版情况？

黄：《书系》是从数学学科开始的。随着我国教育改革的深化，迫切要求建立和发展有中国特色的教育理论，其中主要的、不可或缺的一个方面，就是构建学科现代教育理论。另一方面，要提高教学质量，必须先提高教师的素质，其中也包括了教师的学科现代教育理论修养。由于数学学科开展现代教育理论研究较早、较成熟，有一支研究水平较高的作者队伍，于是我们在1988年全国高等师范院校数学教育研究会年会上开展了组稿活动，从1990年到1995年相继出版了数学学科的9种图书。

以数学为开端，从1991年起，陆续开始了语文、化学、物理、外语学科的组稿。1996年底，《书系》整合了语文、数学、物理、化学、外语5个学科共30种，恢宏大气，洋洋洒洒约600万字，覆盖了基础教育中的主要学科，每个学科涵盖了课程论、教学论、学习论、实验论、教育测量与评价等基础理论，充分反映了当时我国关于这5个主要教育学科的研究成果,是改革开放以来,对学科教育改革的理论研究、科学探讨和系统总结,具有很强的理论性、实用性、针对性和可操作性。

随后的几年里,我们根据广大读者的要求,以及相关学科教育理论研究的最新进展,对《书系》不断进行修订,增加新品种,并相继拓展到生物与地理学科,最后使《书系》涵盖了7个学科,共46个品种。

刘:《书系》出版后反响有多大？您能不能用一些数据为我们描述一下？

黄:《书系》作为国内首套较系统、全面的学科教育理论丛书面市后,在我国教育界引起了极大的反响,许多专家学者纷纷来函来电或是发表书评,对《书系》给予了高度评价。我国著名教育家顾明远先生在《书系》总序中指出,《书系》的意义"不仅在于它总结了我国学科教育学研究十多年的成果,而且在于它展示了学科教育学发展的广阔前景,在于它培养了年轻一代学者";《书系》的出版"一定有利于我国广大教师业务水平的提高,有利于教育质量的提高"。随着我国应试教育加快向素质教育转变,需要尽快提高教师的素质。1998年教育部开始实施"园丁工程",从而使《书系》这一图书品牌日益叫响。教育部师范教育司下文,将《书系》中的12种列为全国中小学教师继续教育首批教材,另有16种列为教学参考书,并在广西桂林召开全国教师继续教育经验总结大会,请我社在会上做重点发言。由此极大地推动了全国许多师范院校、地方教育部门将《书系》作为正式教材使用,如华东师范大学举办的全国A类人才培训班将语文系列列入教材;广西A类人才培训班将数学、物理、化学系列列入培训教材……

在零售市场上,《书系》也深受读者喜爱,首印7000套当年就销售一空。第二年重印了2次。在1999年长沙的全国书市上,还出现读者用手推车选书后购买的盛况。"寸柜寸金"的北京西单图书大厦,从1997年起连续4年,一直开辟一个专架展示《书系》,这是极为少见的。至今,《书系》的销售册数累计已近百万册,销售码洋1000多万元,其中单卷最多重印了10次,印数达数万册,创造了教育理论著作销售的奇迹,实现了社会效益与经济效益双丰收。

比如"数学教育丛书"中"生命力"最旺盛的《数学方法论》,累计销售近5万册,成为名副其实的学术畅销书。

刘:时隔20多年了,教育界尤其是学科教学界还常提起这套《书系》。您认为这是什么原因呢？

黄：《书系》在构建我国学科教育理论体系上具有开创性、划时代的重要意义。《书系》被列为国家"九五"重点图书出版规划项目，并荣获第三届国家图书奖提名奖，被教育学术界誉为我国"学科教育理论发展史上的一座里程碑"，成为学科教育理论的全国著名品牌。而撰写《书系》的年轻一代作者，现已成为我国学科教育的权威或领军人物，成为我国课程改革的策划者、组织者、参与者。《书系》的读者，有些成为学科教育研究的专家学者，更多的成为学科教学的佼佼者。更能说明问题的是，在成千上万的关于学科教学教育的论文或专著中，都有《书系》的身影。

从教育学术图书出版的角度来说，有两个方面是值得重视的。

一是要重视图书品牌的构建，要力争起点高，有规模，走"精品→精品群→品牌"之路。从精品到精品群，主要是同类选题在数量、规模上的扩张，是量的积累，是外延的扩大。从精品群到品牌，则是质的飞跃，是选题内涵的提升。一旦形成品牌，就会达到出版资源的最佳配置，就会产生巨大效益，成为一个时代的标志性读物。

二是要重视图书品牌的定位。《书系》的定位是：充分反映我国关于学科的教育、教学研究成果，具有鲜明的中国特色，是我国改革开放以来对学科教育的理论研究、科学探讨和系统总结；既有别于纯教育理论（宏观），又有别于教材教法（微观），而是抓住这两者的结合点（中观）；做到既有理论性、权威性，又有实用性、可操作性；读者对象是中小学教师和师范院校师生。为使这一定位落到实处，作者尤其是各学科的主编，大多是全国有关学科教育研究会的理事长。他们既对学科现代教育理论有深入研究，又对我国中小学教育实践有深入了解，从而很好地保证了《书系》的质量。接下来的编辑加工、装帧设计、印刷制作、市场营销，甚至定价，也都围绕这一定位来落实。

今天看来，这一定位是准确的，不仅反映了时代的要求，而且体现了教育出版社的优势，从而能够在不算太长的时间里，形成了一定的规模，取得了一定的优势，抢占了先机和商机，并带动了出版社其他图书的销售。

可以这样说，定位准确是构建图书品牌的一条重要原则。没有准确的定位，就没有明确的读者群，也就没有市场，更不用说形成品牌效应了。

2 "中国数学教育研究丛书"与中国特色数学教育理论建设

刘:从"数学教育丛书"到"中国数学教育研究丛书",这中间相隔差不多10年,也就是21世纪的头10年。这段时间国内也出版了一些数学教育领域的丛书,比如上海教育出版社的"21世纪数学教育探索丛书"(10卷),华东师范大学出版社的"数学教育研究前沿"(共3辑11卷),它们伴随了我国第一批数学教育研究方向博士群体的成长。这个阶段,"中国数学教育研究丛书"是不是正处在酝酿阶段,呼之欲出?

黄:是的。"中国数学教育研究丛书"的诞生,具体要从2004年的数学教育高级研讨班讲起。

2004年12月10日至14日,教育部第13期数学教育高级研讨班(简称"高研班")在南宁举办,由广西教育厅承办,我社给予了大力协助。这期"高研班",有全国数学教育界的100多位专家、学者出席,国内数学教育的博士生也来了不少。"高研班"是我国数学教育界学术水平最高的研讨班,每年举办一期。张奠宙先生是"高研班"的主持人,他是我国担任国际数学教育委员会执行委员的第一人,也是我国2003年版高中数学课程标准研制组组长之一。这次相遇,恰逢盛会,群贤毕至,少长咸集,更碰上应该好好总结改革开放近30年我国数学教育理论与实践成果的时间节点。我与张奠宙先生一拍即合,决定组织出版一套"中国数学教育研究丛书",他亲自挂帅,担任丛书的总主编。

刘:您与张奠宙先生交往多年了吧?有哪些合作?

黄:我与他已有30多年的交往、合作。早在1984年,我就约请他撰写了一本数学科普小册子——《漫谈现代数学》。此后陆续约请他撰写或主编了10多本书,内容横跨数学史、数学科普、数学教育三大领域。

刘:张奠宙先生对您的出版工作也给予了高度评价:黄力平组织的"数学教育丛书"曾经获得国家级的图书奖。2004年,我建议再编写一套"中国数学教育研究丛书",反映中国的创新特色。他立即表示支持,报国家新闻出版总署并被批准列入"十一五"国家出版规划。现在,国内的同行积极响应,热情地投入写作。在此,特别希望我们能合作成功,争取成为中国数学教育发展的一个标志性工作。[3]

黄：张先生过誉了。

刘："中国数学教育研究丛书"总主编确定后,怎样组织作者?怎样组织书稿呢?

黄：2005年8月,经过大半年酝酿,张奠宙先生点将布阵,列出了初步拟定的书目及其作者,并和我一起拟好组稿计划,由我社向作者发出。组稿计划中说,丛书是开放的,欢迎有关专家、学者参加进来。只要书稿具有鲜明的中国特色,具备原创性、研究性、可读性,字数控制在15万—20万,即可向总主编或出版社申报。组稿得到了作者们热烈的回应。

2006年4月下旬,我把丛书被列入国家"十一五"重点图书出版规划这一喜讯通告各位作者,闻者无不为之振奋,约稿更加顺利,很快签订了出版合同。11月上旬,我专程到上海与张奠宙先生面商,进一步落实丛书的分册及其作者等事宜,组稿工作随之全面铺开。

刘：这么大的工程,实施起来会遇到不少困难吧?您是如何保证在5年时间内高质量地出版这套丛书的?

黄：2008年1月,丛书开始进入编、排、校、印阶段,却遇上了我社发展的低谷期,人力、物力、财力进行了大调整。一时间,丛书面临压缩规模、推迟出版,甚至取消选题的危险。有个别专家因此向张奠宙先生提议,把丛书拿到北京的人民教育出版社、高等教育出版社或上海、江苏、浙江的教育出版社出版。4月11日,我再赴上海,到华东师范大学参加"全国学科教师教育论坛",专门带去了赶印出来的3种书,给到会的作者带去了欢欣,给没到会的作者带来了信心,还消除了专家对我社能力的担心。在那段困难的日子里,项目进展几近停止,我几乎是孤军作战。我常常在半夜醒来,一阵阵辛酸打心底泛起……虽然压力大,但我相信这个国家级重点项目的价值,暗暗叮嘱自己要咬牙顶住,不能泄气,不断给自己加油、打气。

2009年1月4日,广西出版总社印发了《广西出版传媒集团重点图书流动资金扶持基金管理办法(试行)》的通知。按照通知精神,总社给予这套已列为国家重点图书出版规划项目的丛书100万元人民币的无息贷款资助,极大减轻了丛书出版的资金压力。终于守得云开见日出。1月20日,我向作者们汇报了工作新进展。最后写道:"今年是新中国成立60周年。60年来,特别是改革开放30年来,数学教育领域同祖国一样,发生了翻天覆地的变化。伟大的时代,产生伟大的成果。让我们一起加油,为伟大的祖国,打造出数学教育理论宝库中的一块块瑰宝!"

2010 年是"十一五"的最后一年。在各方的共同努力下,丛书按时出版,如期诞生,我们顺利完成了这一国家重点图书出版规划项目。当拿到最后出版的那卷样书时,我如释重负,久久地凝望着摆满了办公桌面的 15 卷书,长长地出了一口气。那一刻,我深深地感受到了"十月怀胎,一朝分娩"的百般滋味!

刘:从您回忆的这一段艰难曲折的出版经历,我们感受到了您的出版战略眼光和定力。您对年轻的(数学)教育出版工作者有什么建议和祝愿?

黄:抚今追昔,感触良多。对出版者而言,策划、组织、出成、出好无愧于时代、无愧于历史的精品图书,是其价值所在和毕生追求。而要体现这一价值,实现这一追求,除了自己的努力,还离不开天时、地利、人和,四者缺一不可。出书如此,人生亦然。

3 关于教育学术图书出版的一些思考

刘:作为从事教育出版近 40 年的资深编审,请您为我们概括一些教育学术图书出版的基本规律和经验。

黄:我们这一批 20 世纪 50 年代出生的大学生,干哪一行都有一种浓烈的家国情怀。我们总是希望做好每一件事,达到全国一流的高度。我们国家许多行业的发展,大多经历了"引进、消化、创新、引领"的过程,出版业也是如此。我们要抓住发展时机,顺应发展趋势,策划组织图书选题,打造图书品牌,不辱使命,不负时代。

我们在出版"数学教育丛书"时,就抓住我国数学学科教育理论发展"引进、消化"的时机,明确提出了"构建学科理论,推进教学实践"的理念。到了"中国数学教育研究丛书",则是"创新、引领"阶段,就要抓住中国特色,创建中国自己的数学教育理论体系。

刘:您多次提到教育学术图书品牌效益,可否为我们再具体阐述一下?

黄:教育学术图书品牌的构建,绝不是一蹴而就的,需要相当长的时间,几十年甚至上百年,往往凝聚了许多人乃至几代人的心血,所以要有一个长期的发展战略。其构建过程,是一个动态的过程,是一个开放的系统。图书品牌的构建,实质上是一个系统工程,策划、组稿、编校、印制、营销等,哪个环节都不能少,要求都不能低,都要做好人力、物力、财力的合理调配,是一个出版社综合实力的最好体现。可以这样说:品牌图书的构建,是与出版社的综合实力的增长相适应的,是一个追求卓越的出版社的主攻方向和终极目标。这也算是一条出版的规律吧。

刘:谢谢您为我们回顾和总结了"数学教育丛书""中国数学教育研究丛书"的出版过程,讲述了构建教育学术图书品牌的规律,以便我们更好地积累、传播优秀学术成果。可否请您介绍一下今后的出版规划或设想?

黄:我们将在"十三五"期间策划组织、编辑出版《中国学科教育研究书系》,系统总结和展示我国学科教育学研究的最新成果,更加凸显学科教育学的中国特色、中国风格、中国气派。另外,我们还将打造一个新平台——学术期刊《中小学课堂教学研究》,希望用实践来检验理论,用理论去反哺实践,让学科教育的中国理论扎根到古老而又年轻的课堂当中去。

刘:我们非常期待您的新书系和新杂志。谢谢您接受我的采访。

4 结语

在近2个小时的访谈过程中,黄力平编审详细回顾了广西教育出版社从数学教育到学科教育的学术著作出版情况和他所做的工作,为我们讲述了其中的基本规律和经验,即紧扣教育学术研究经历的"引进、消化、创新、引领"的不同发展阶段,组织策划、编辑出版精品图书,构建图书品牌,从而巩固学术研究成果,继续推动学术研究。黄力平编审在构建中国学科教育理论体系中不懈努力,并取得了丰硕成果,值得我们学习。

参考文献:

[1] 新青年数学教师工作室.当代中国数学教育流派(新青年教师文库)[M].上海:上海教育出版社,2014:69-70.

[2] 任樟辉.数学思维论[M].南宁:广西教育出版社,1990:总序.

[3] 张奠宙.我亲历的数学教育(1938—2008)[M].南京:江苏教育出版社,2009:186.